Confettis en Coeurs

Un Livre de Coloriage Adultes

aux

Motifs en Coeurs Anti-Stress

© 2020 Allie Vane. Tous droits réservés.

Envie d'autres livres de coloriage uniques et déstressants ?
Venez jeter un oeil à toutes mes créations sur

AllieVane.fr !

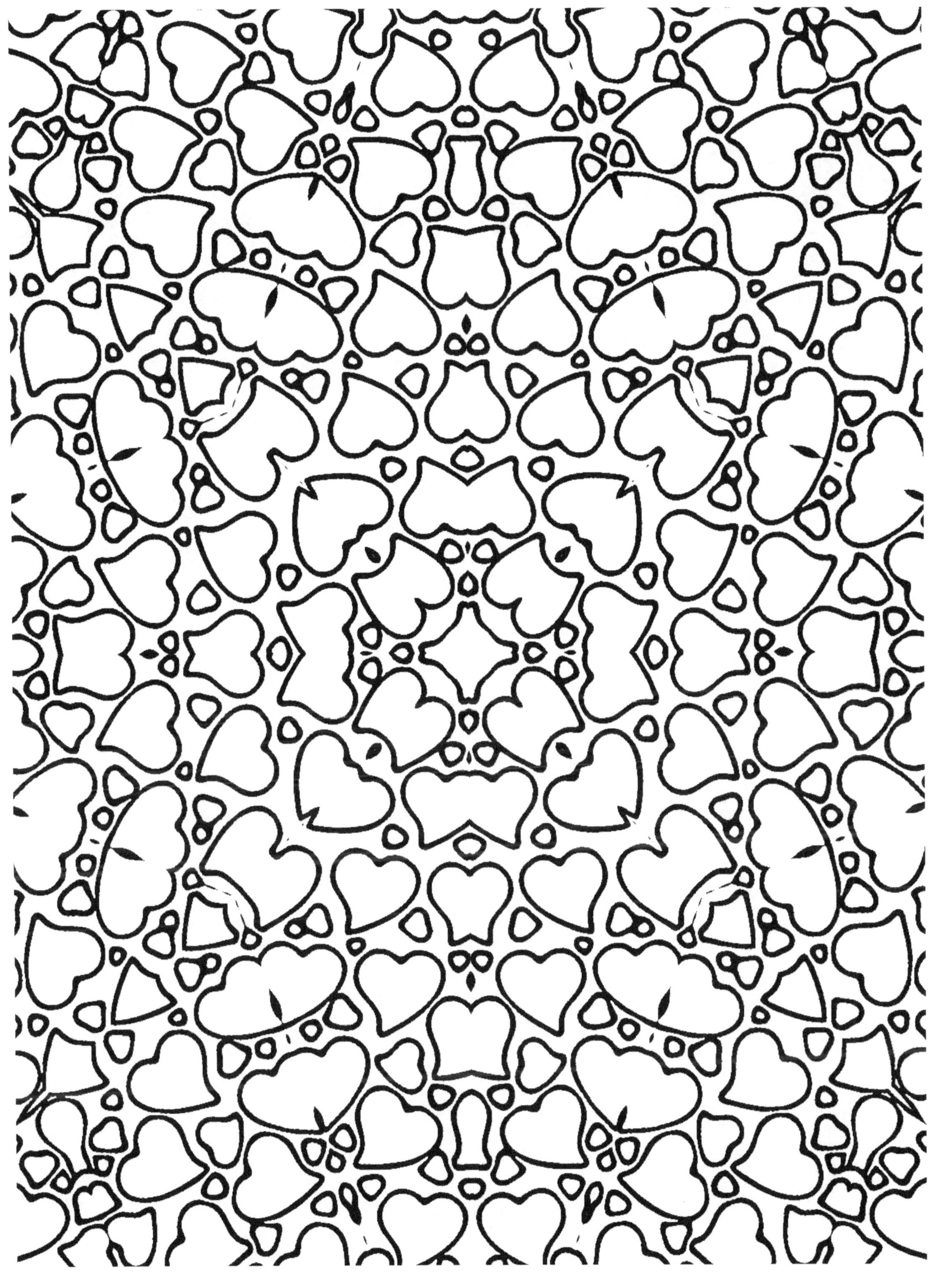

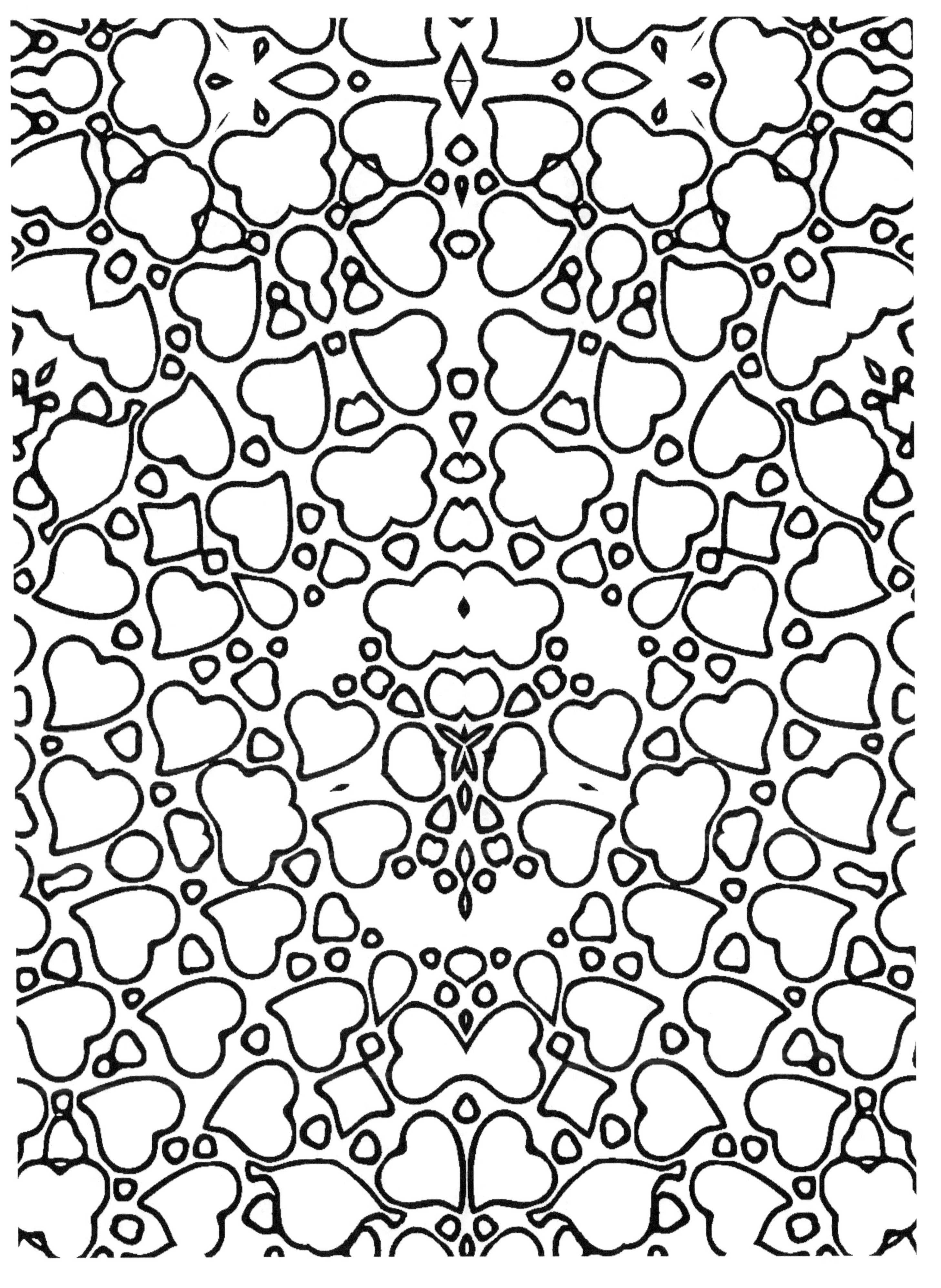

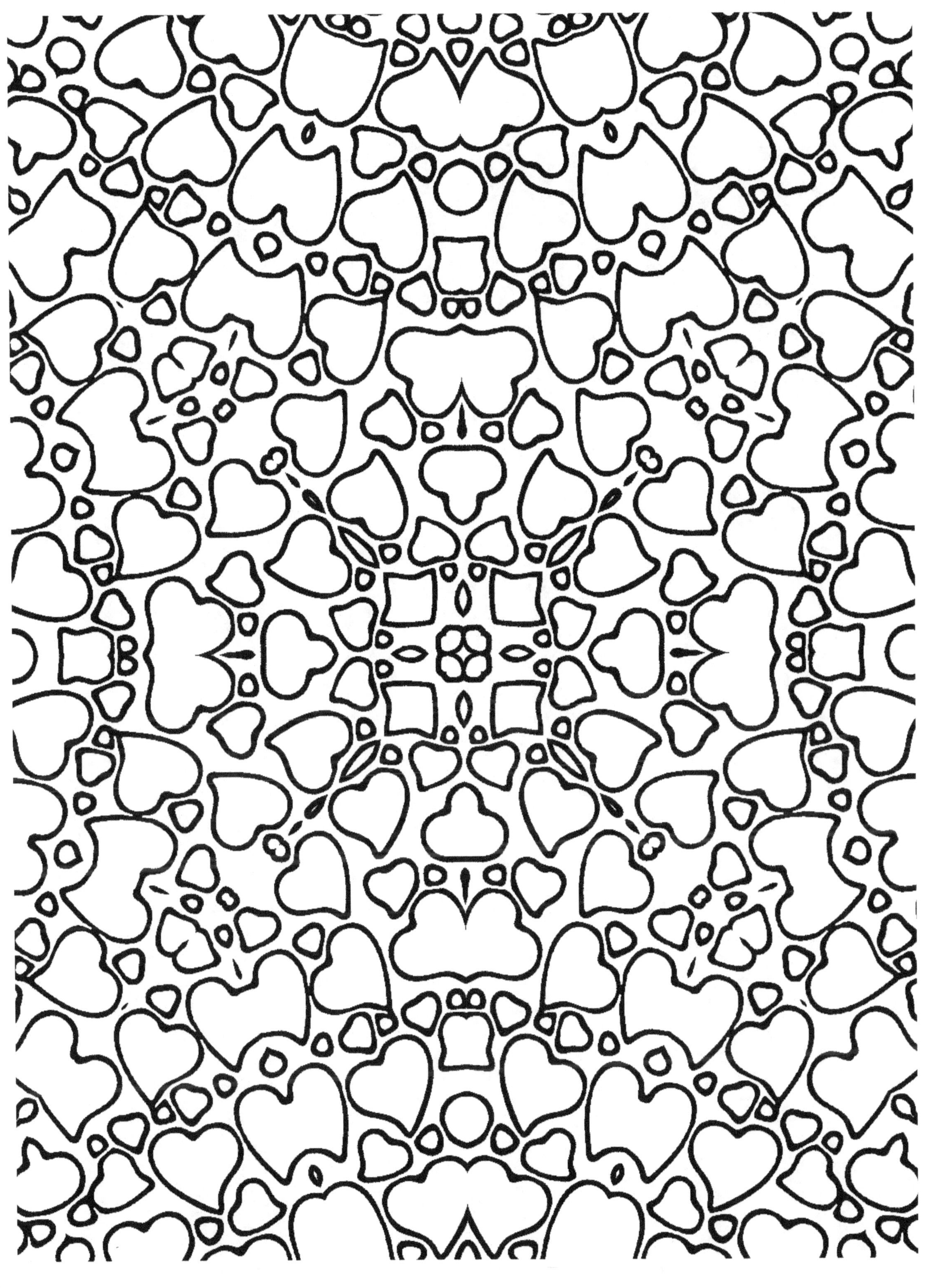

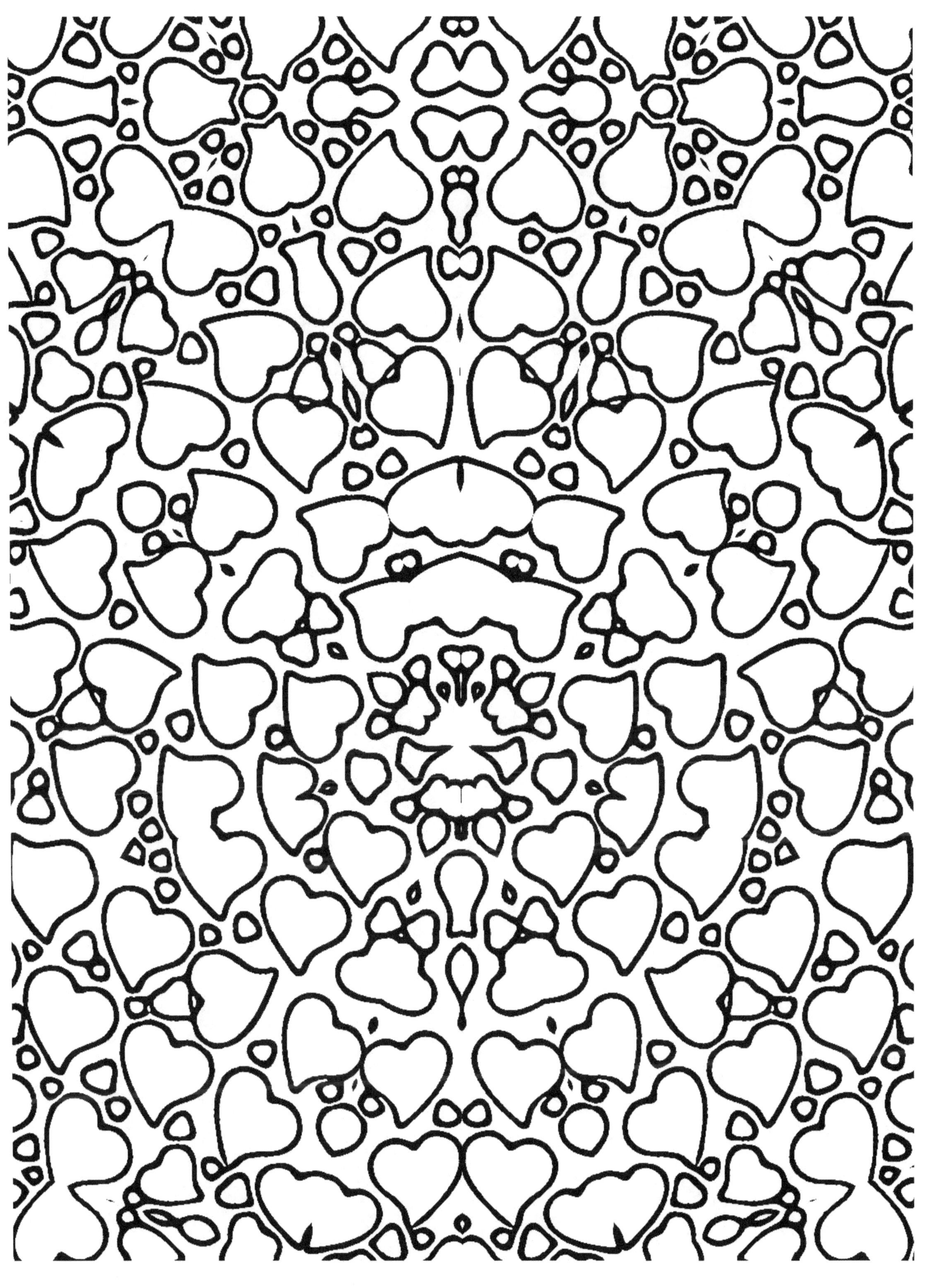

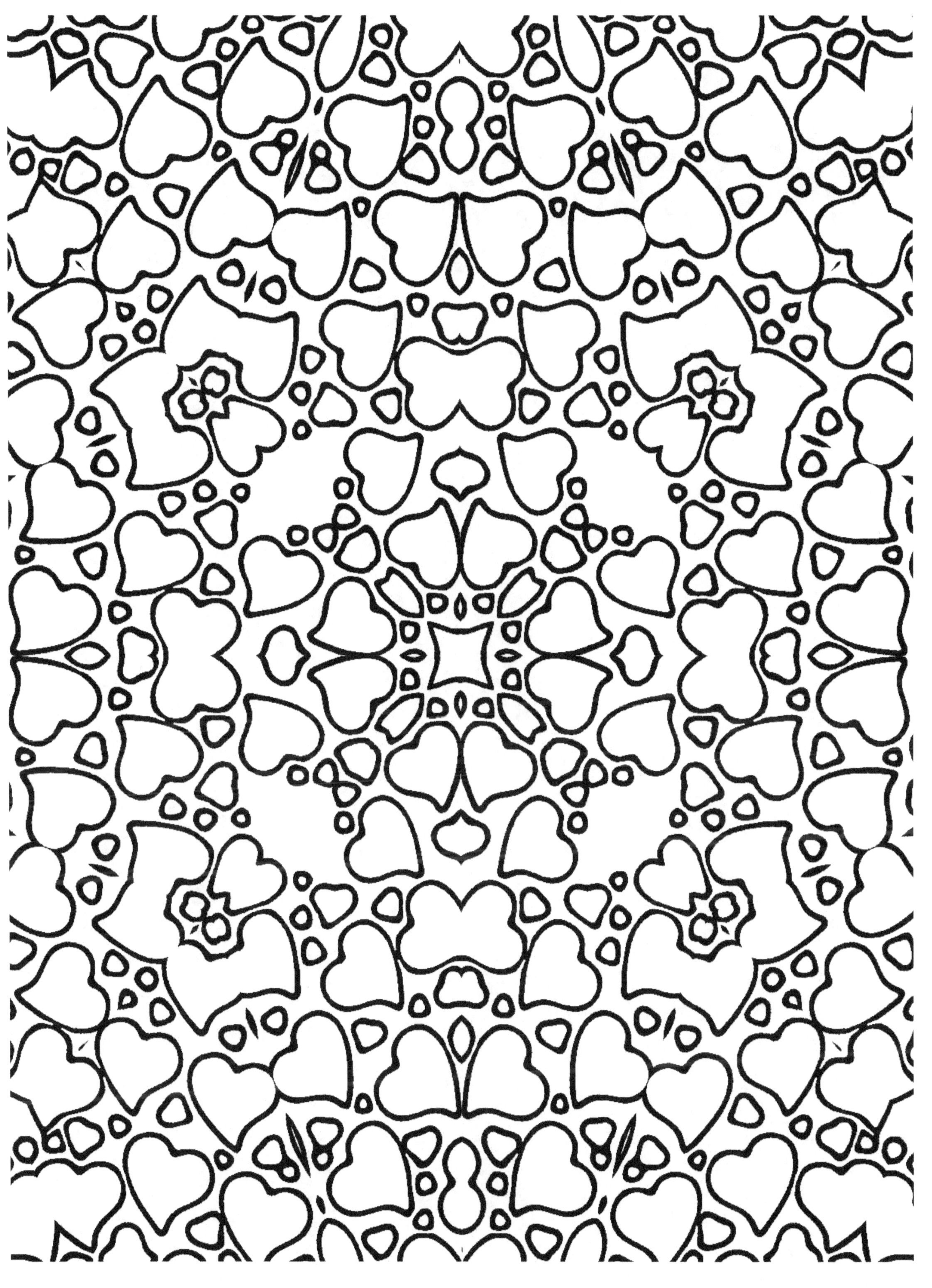

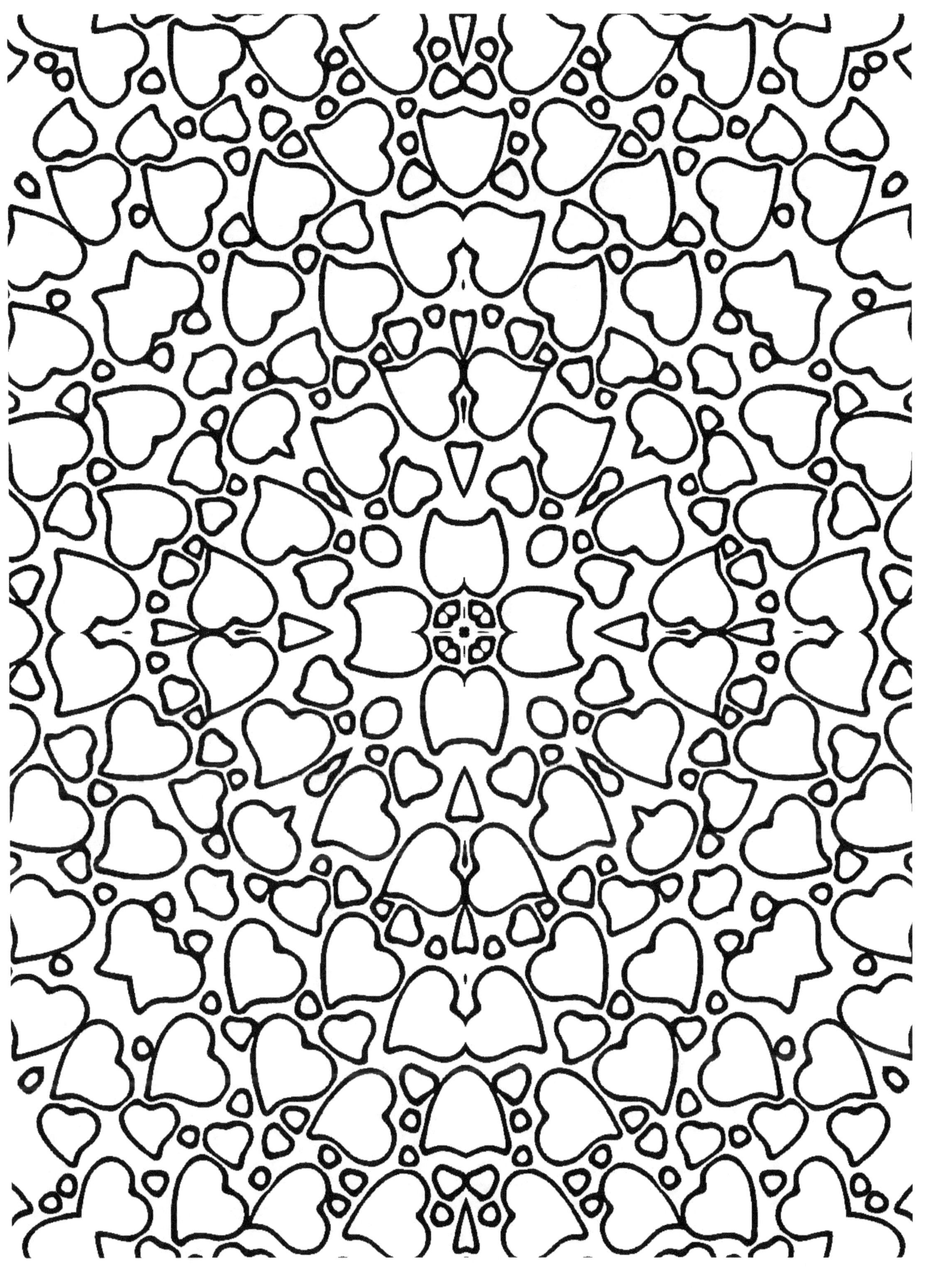

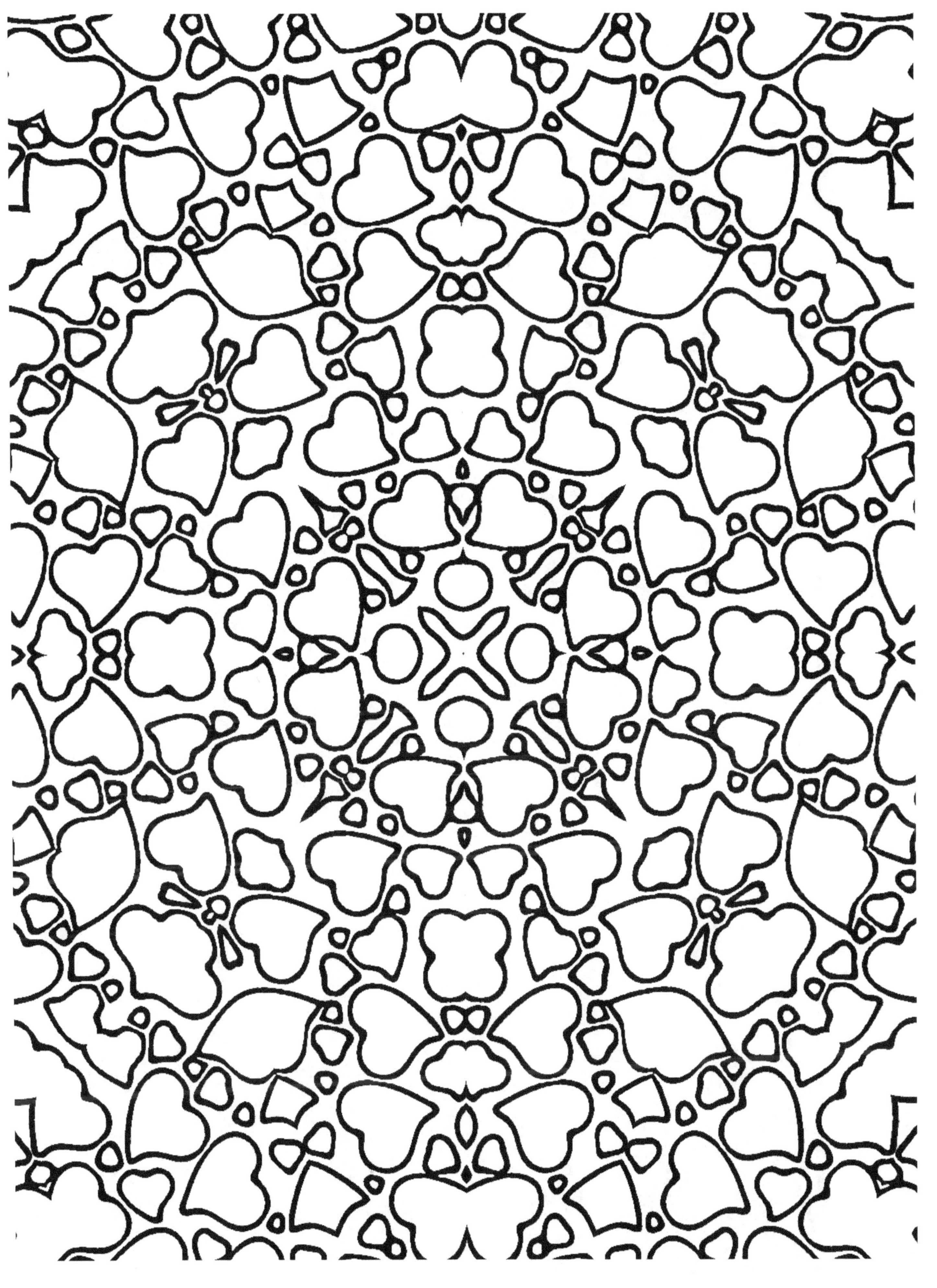

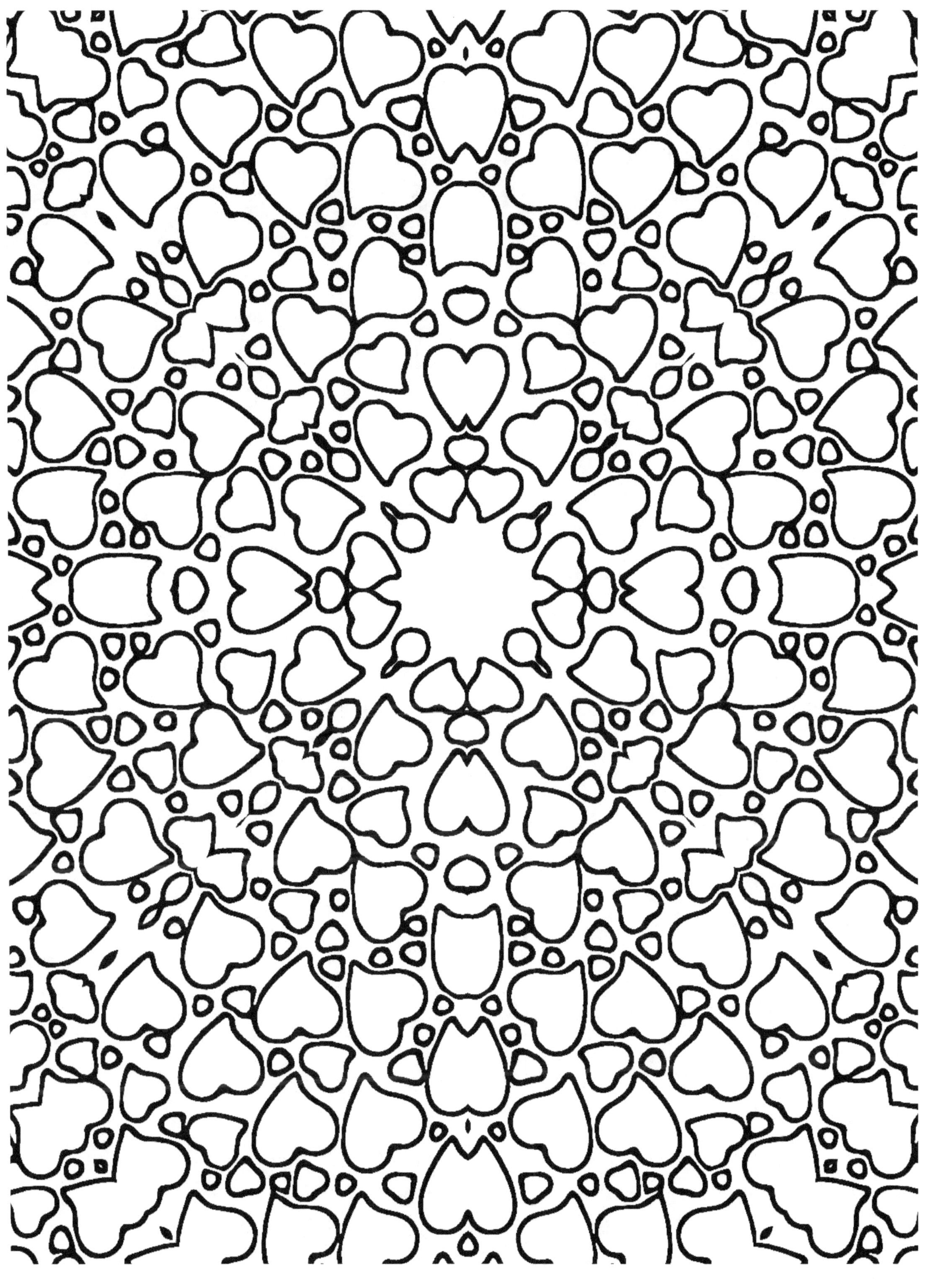

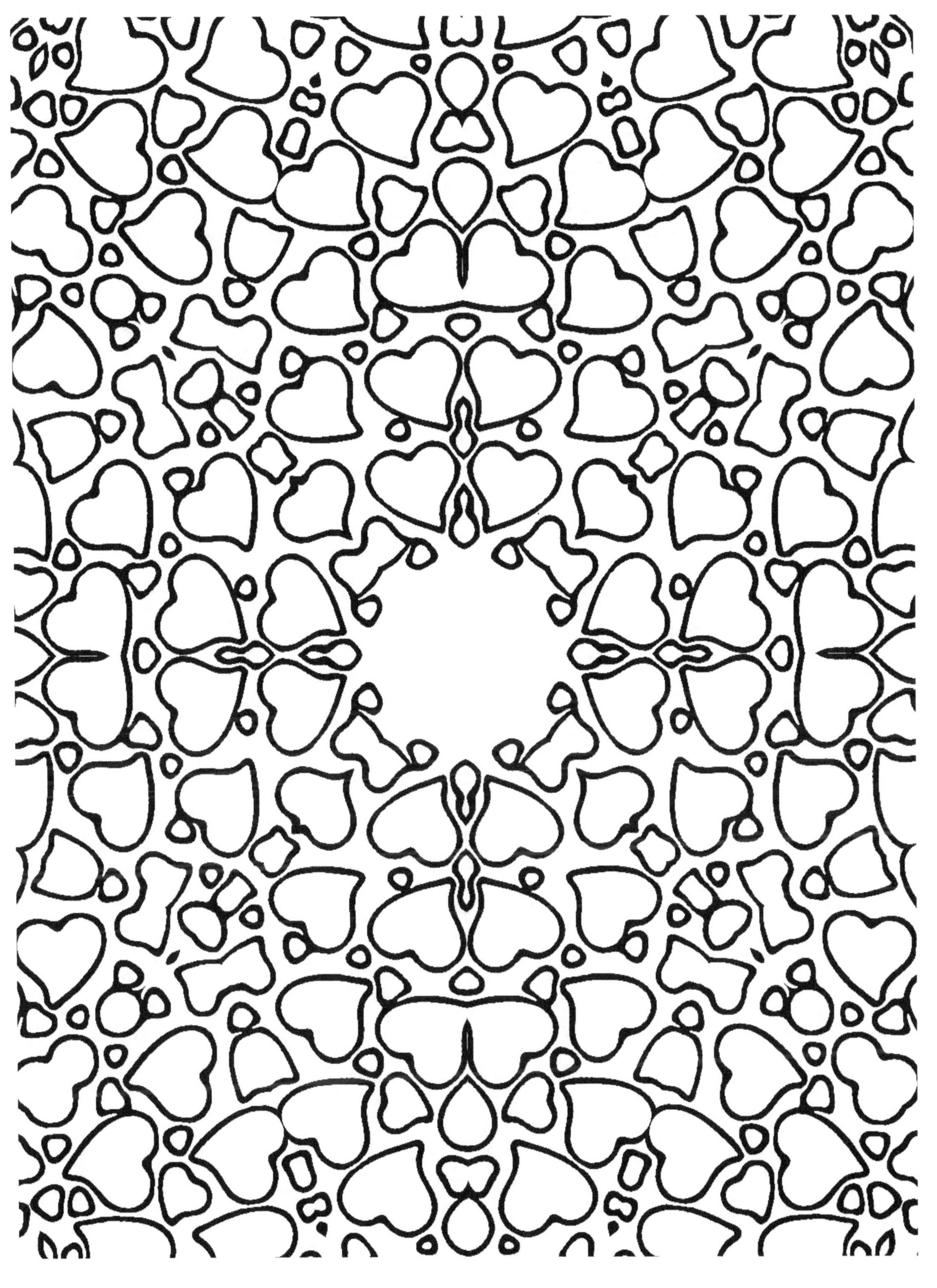

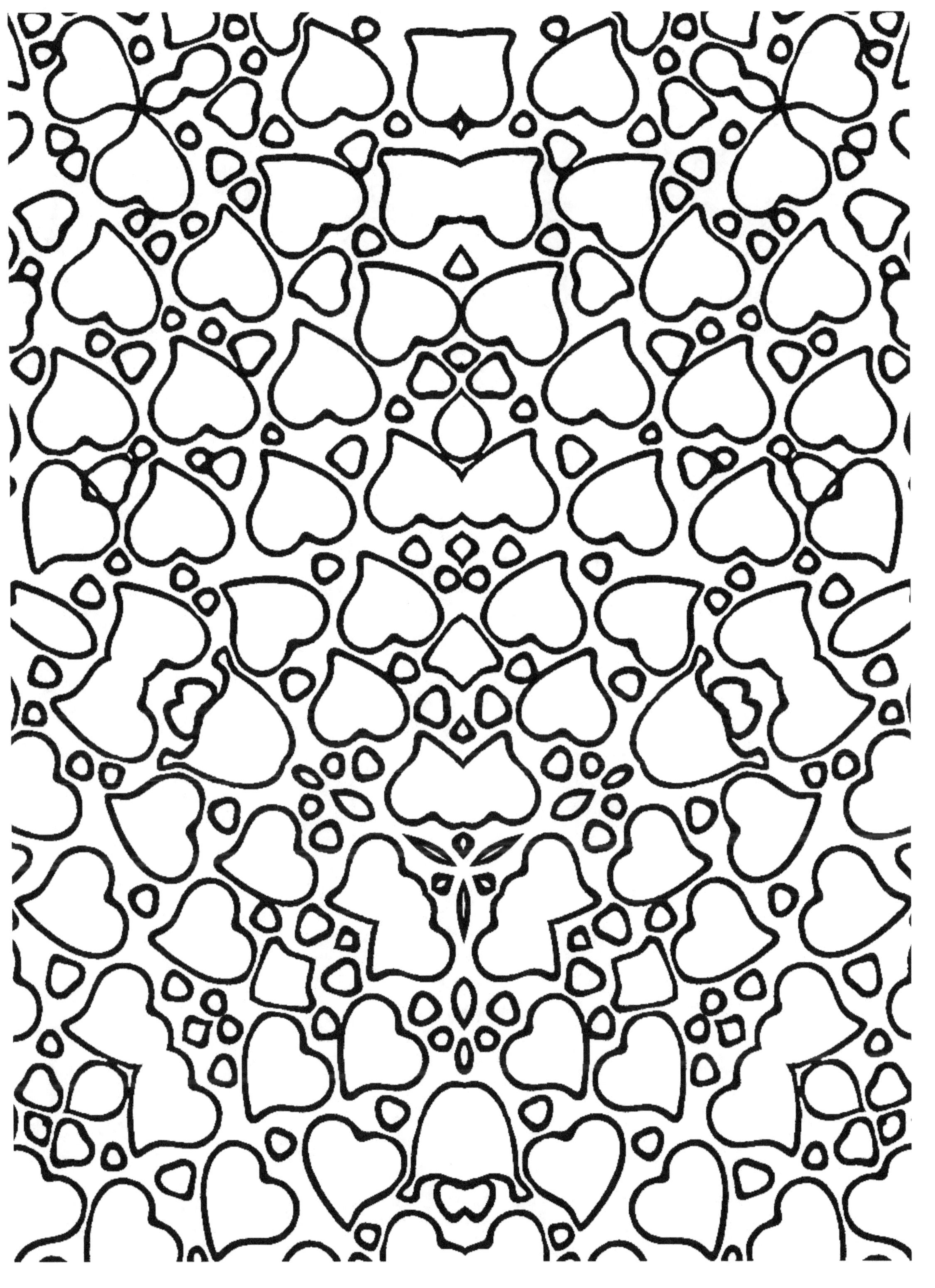

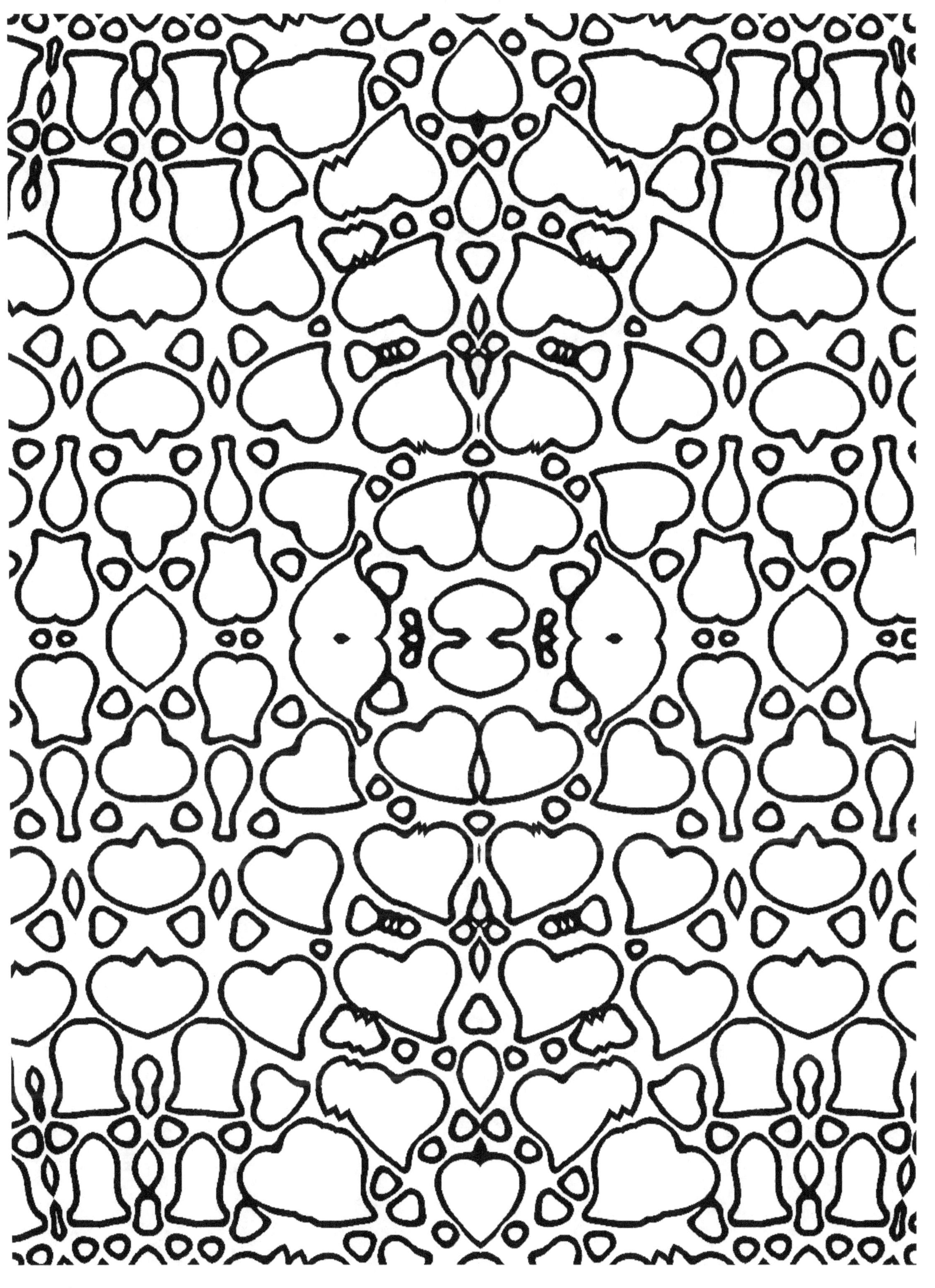

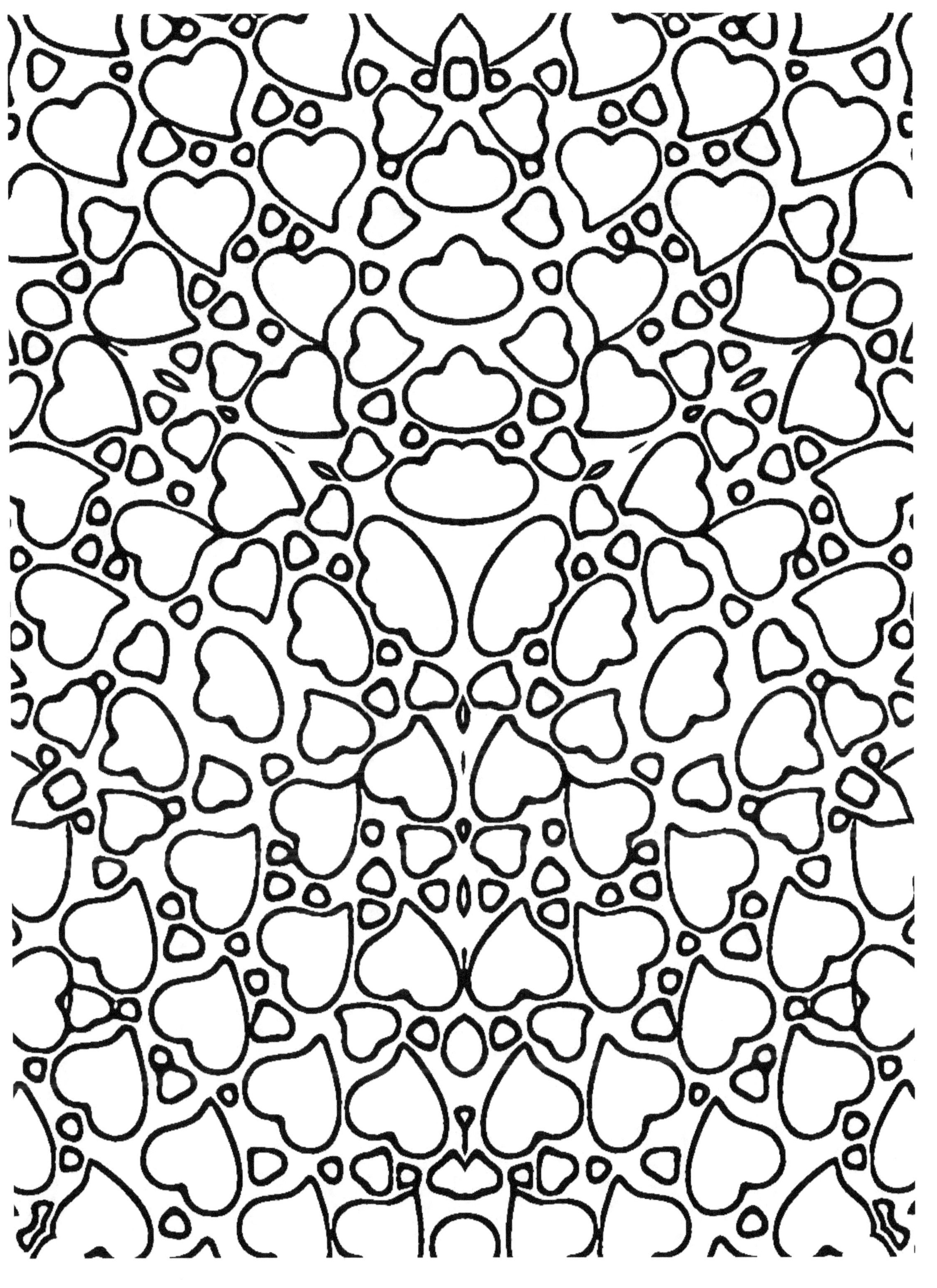

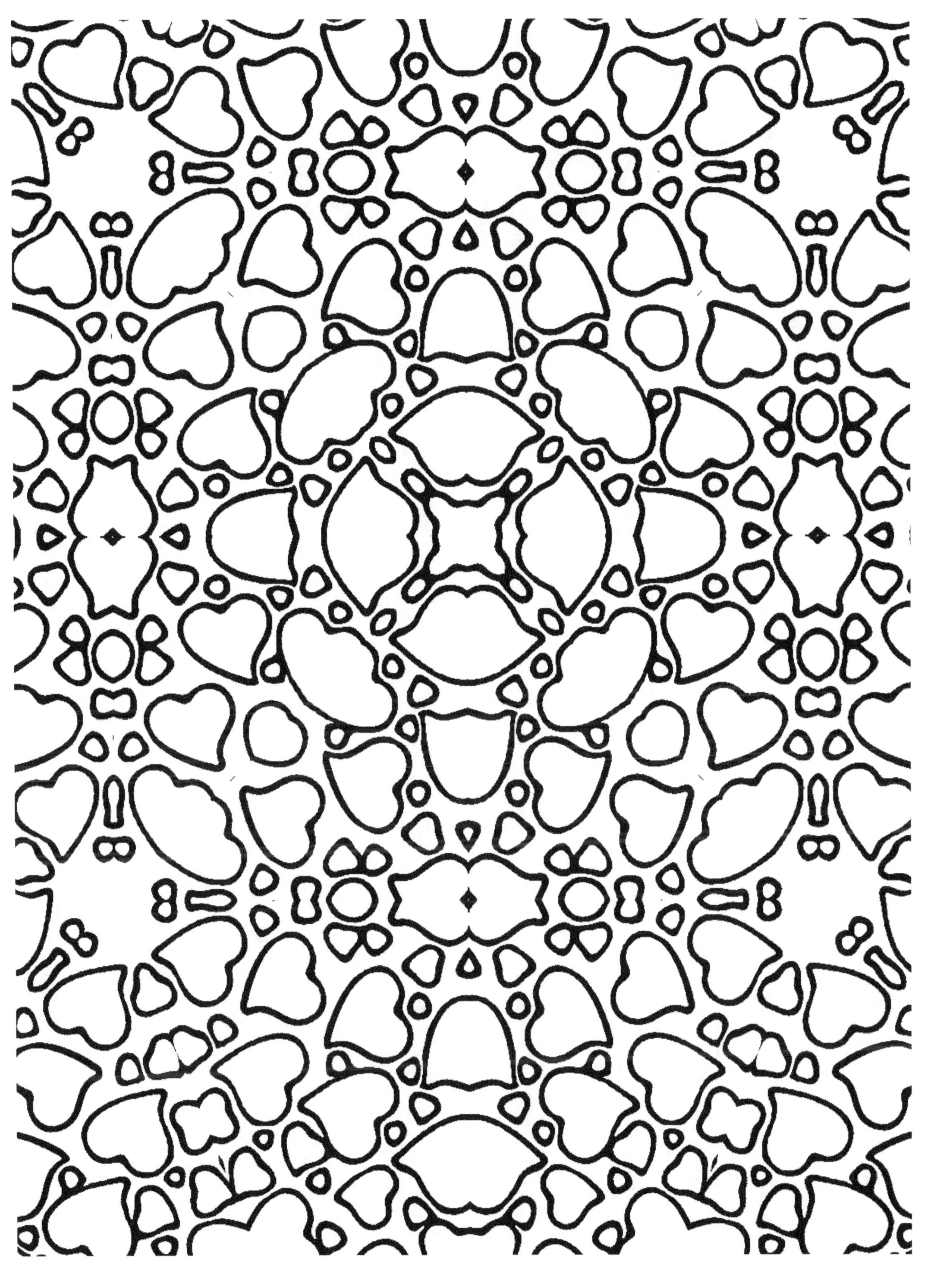

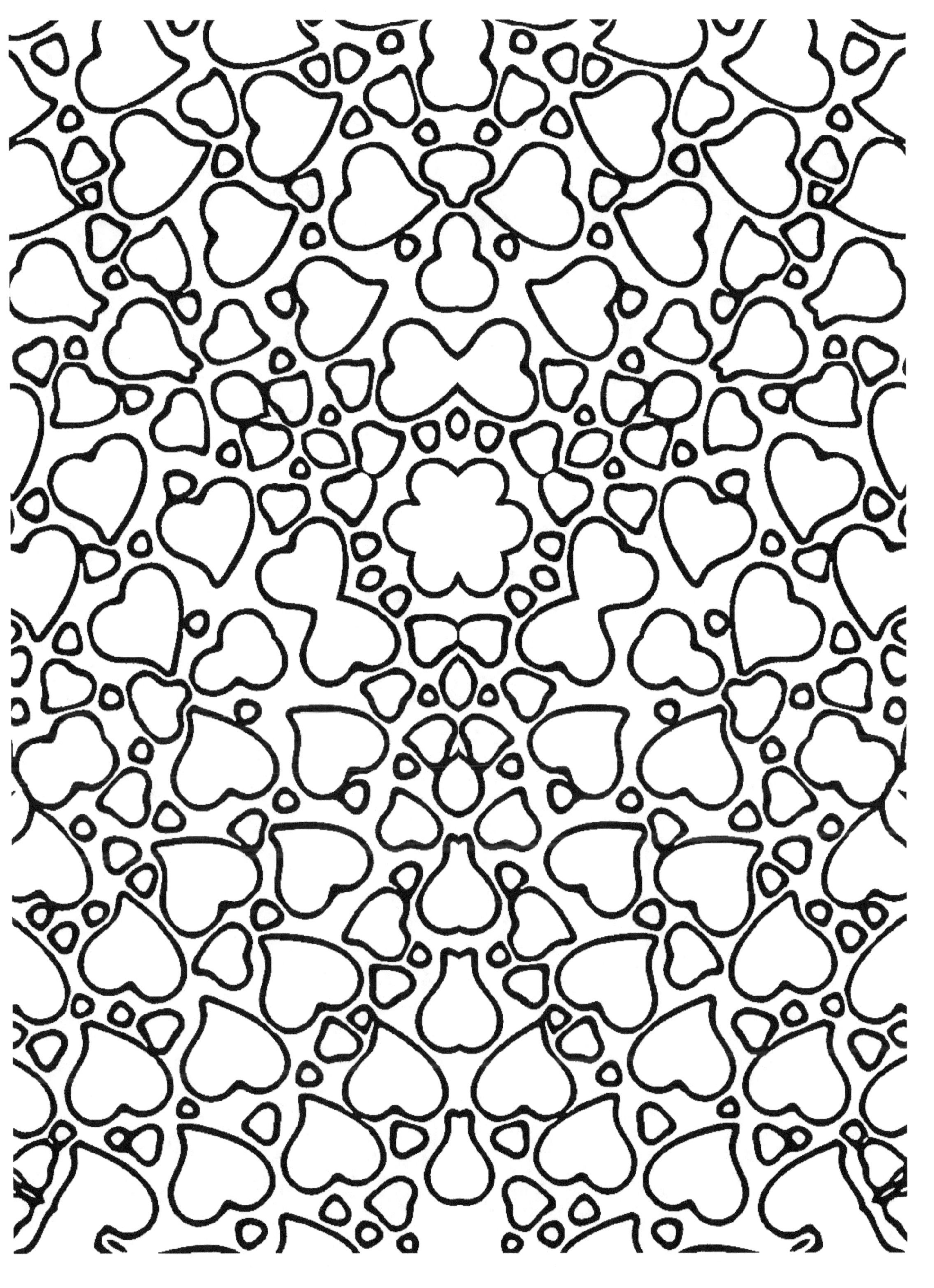

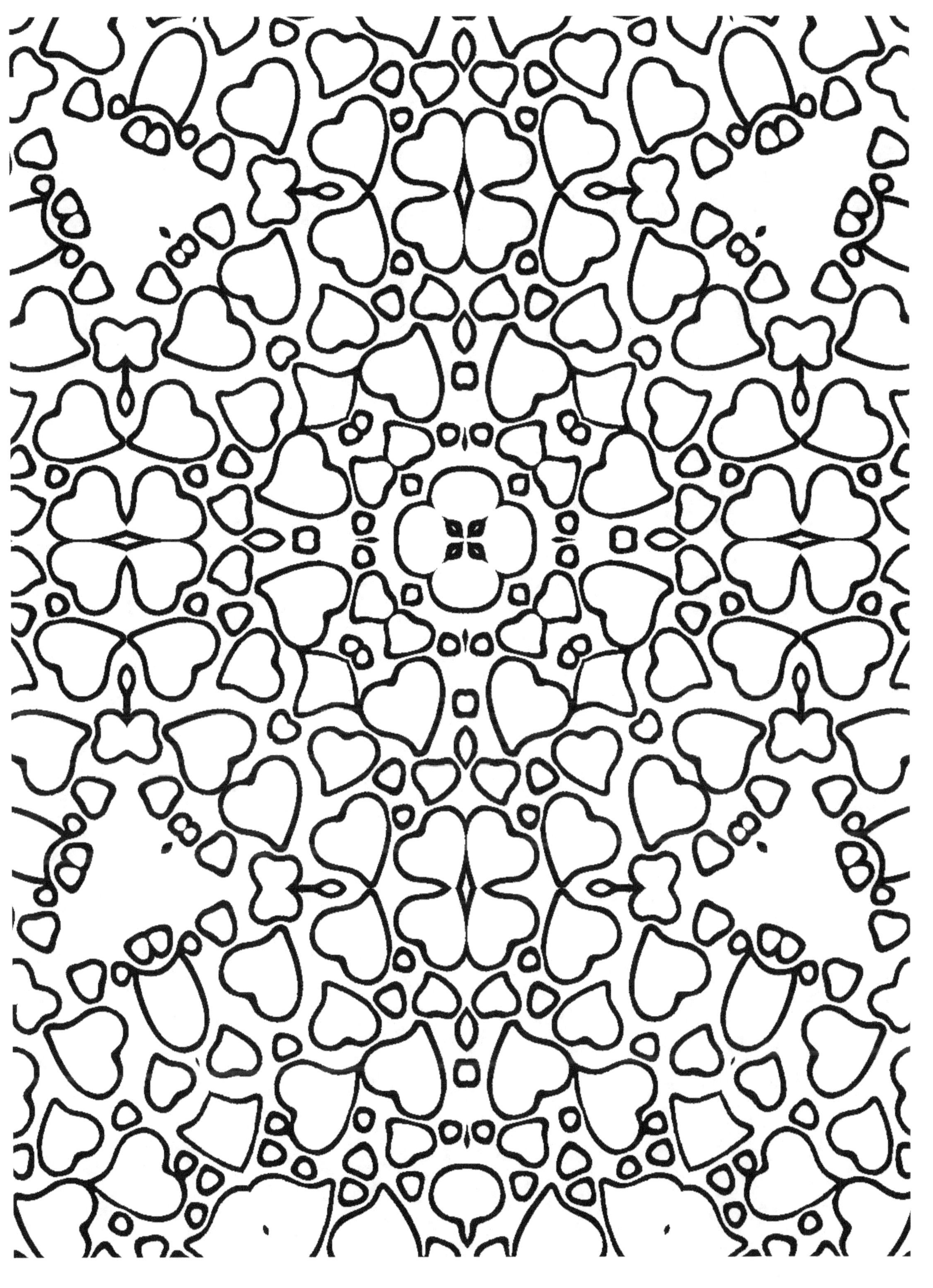

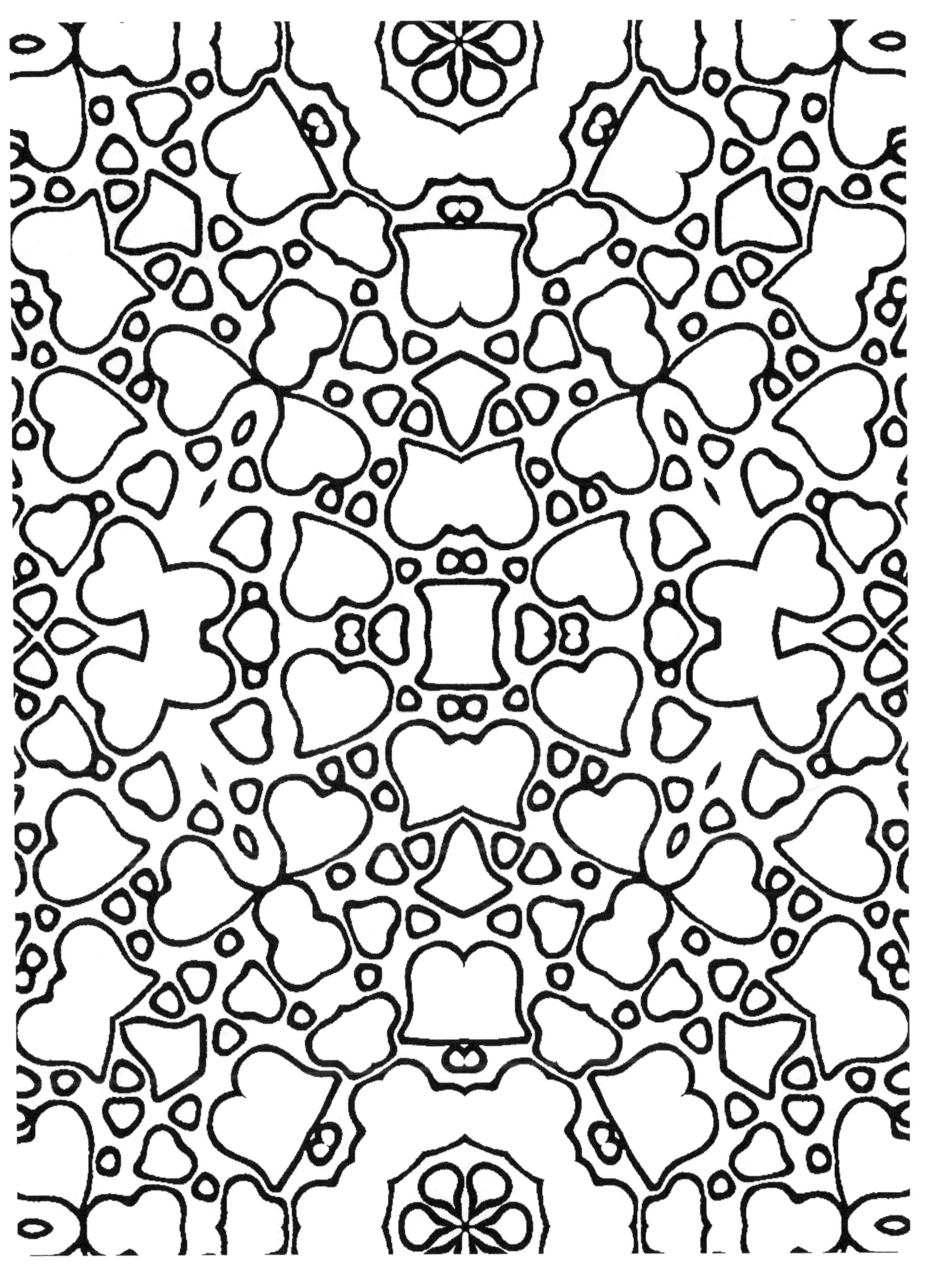

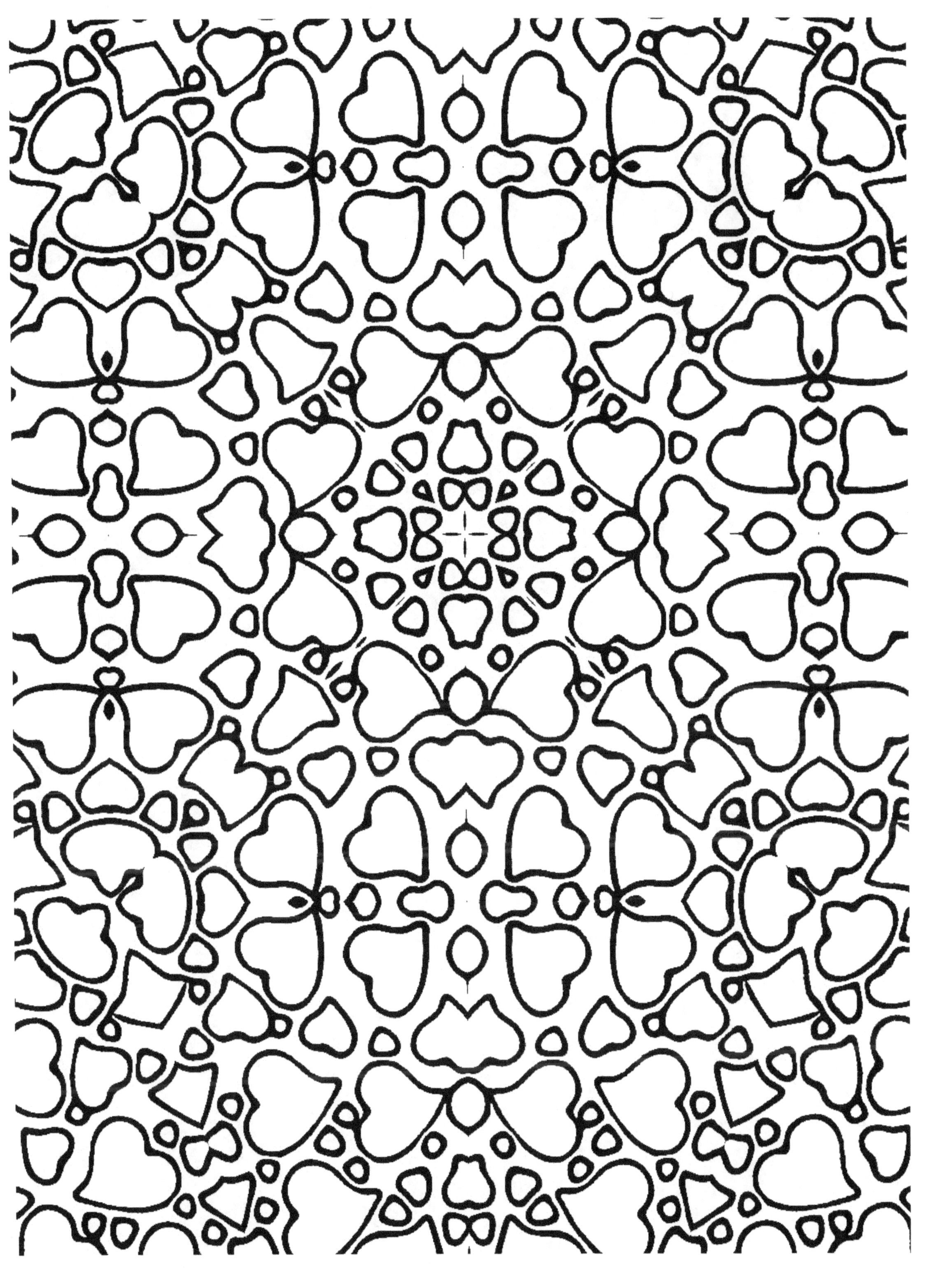

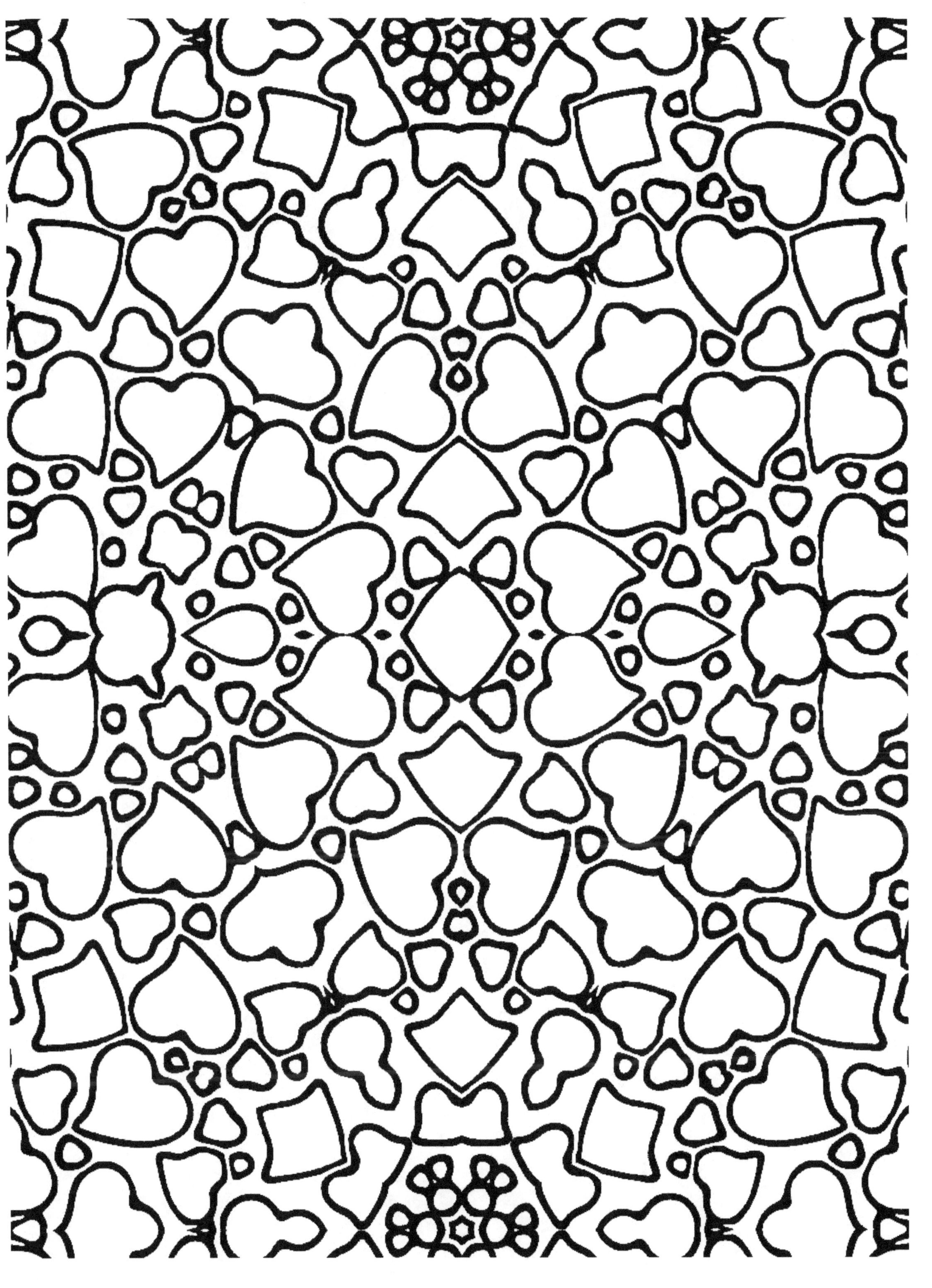

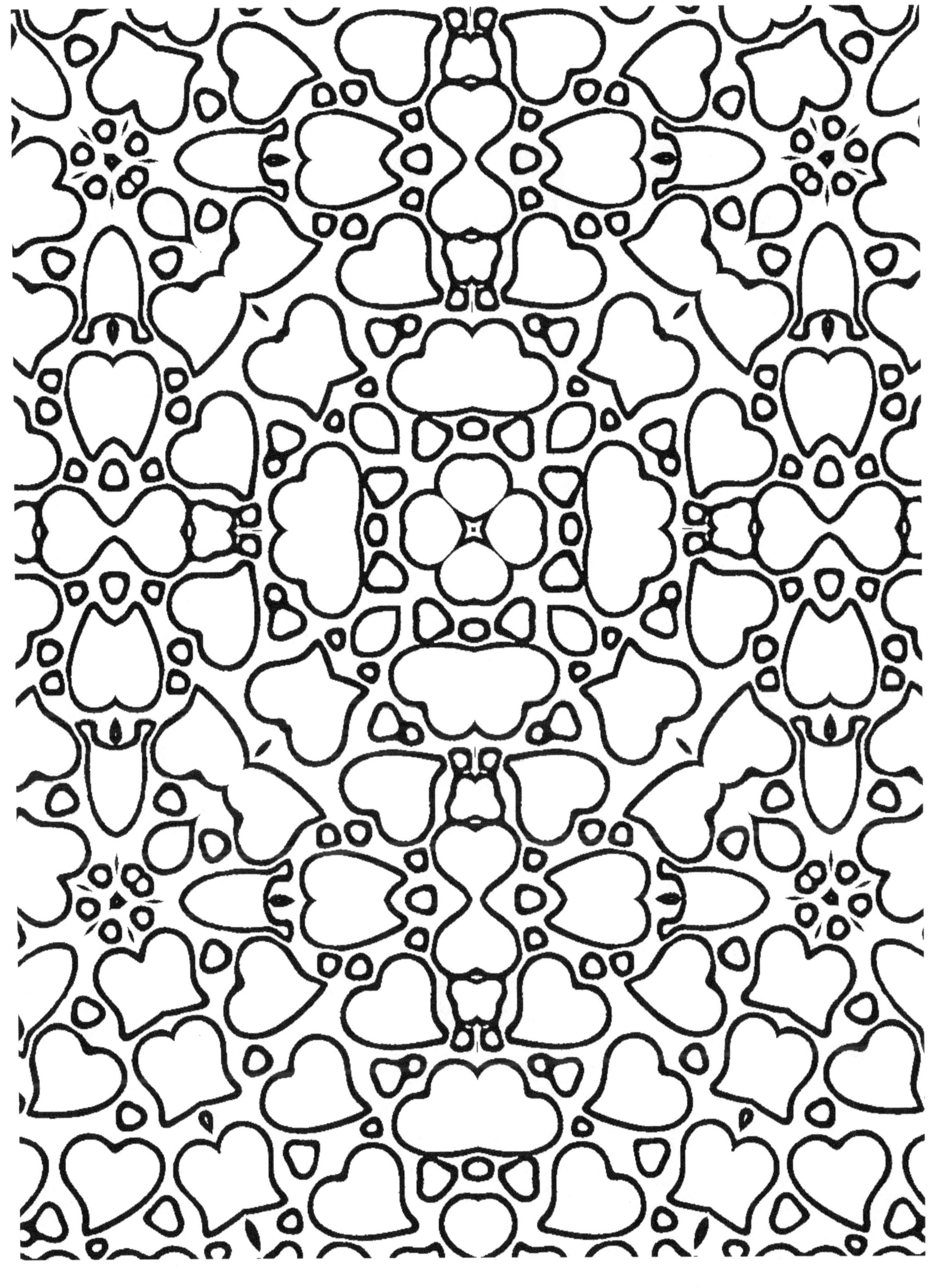

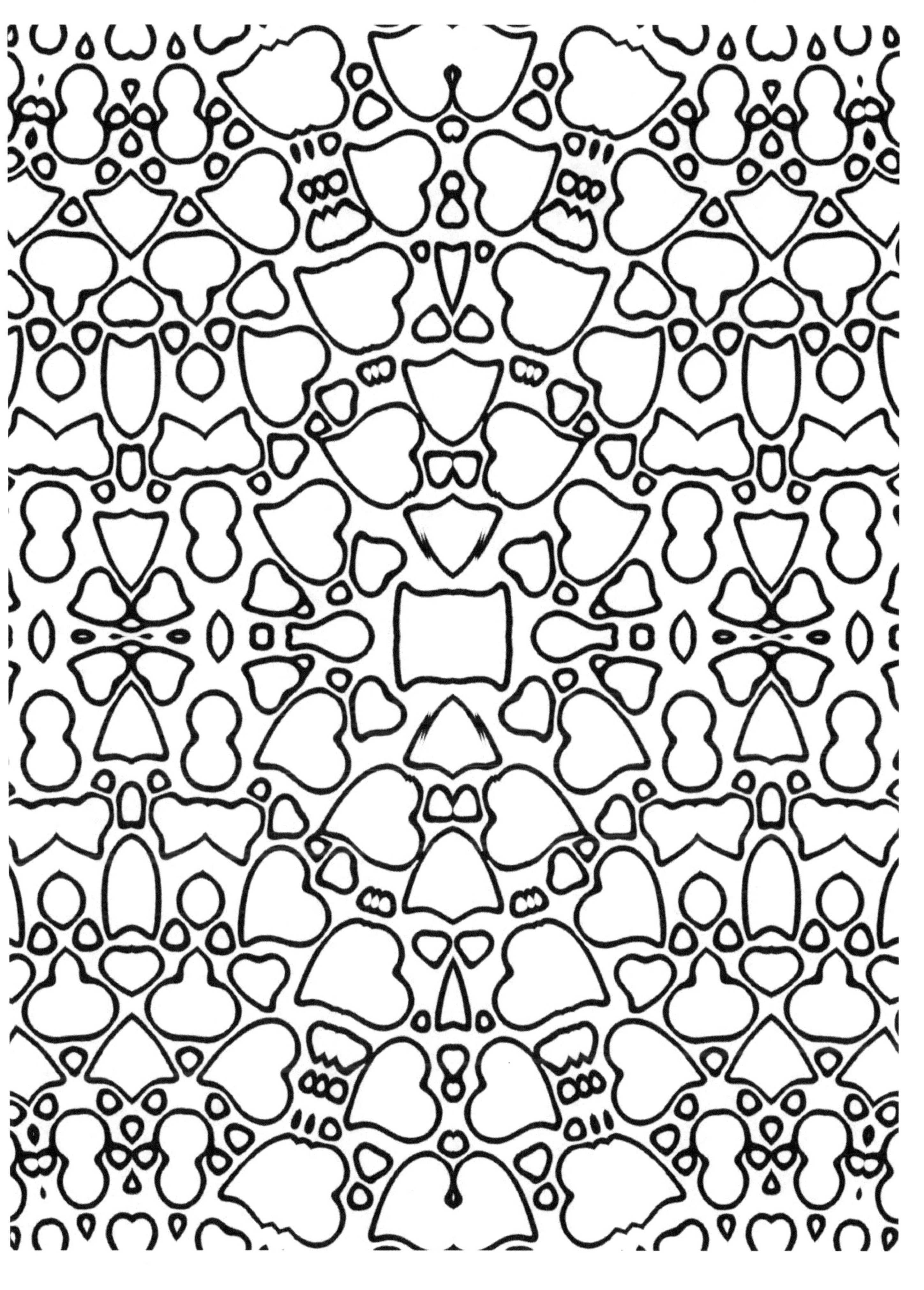

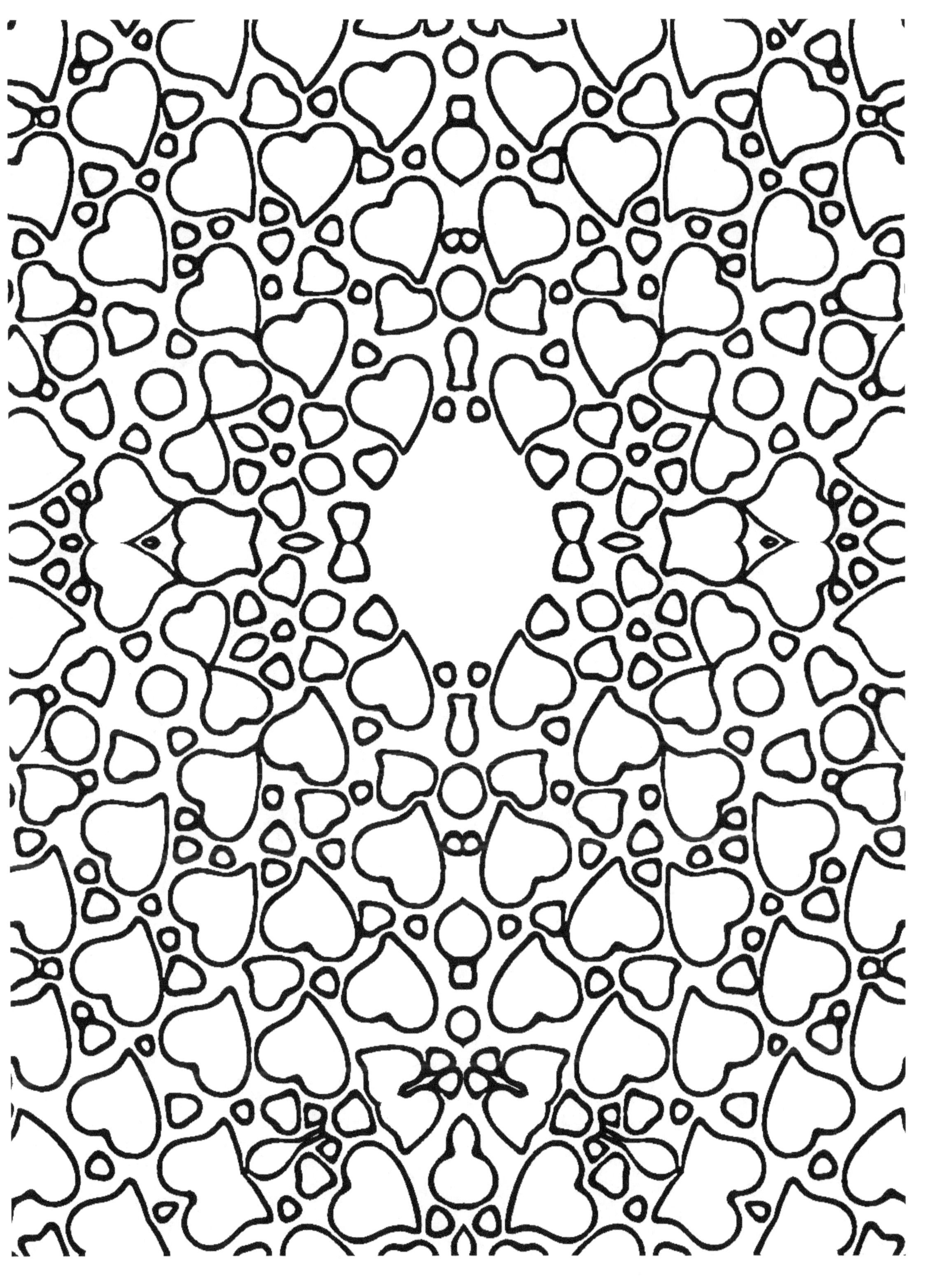

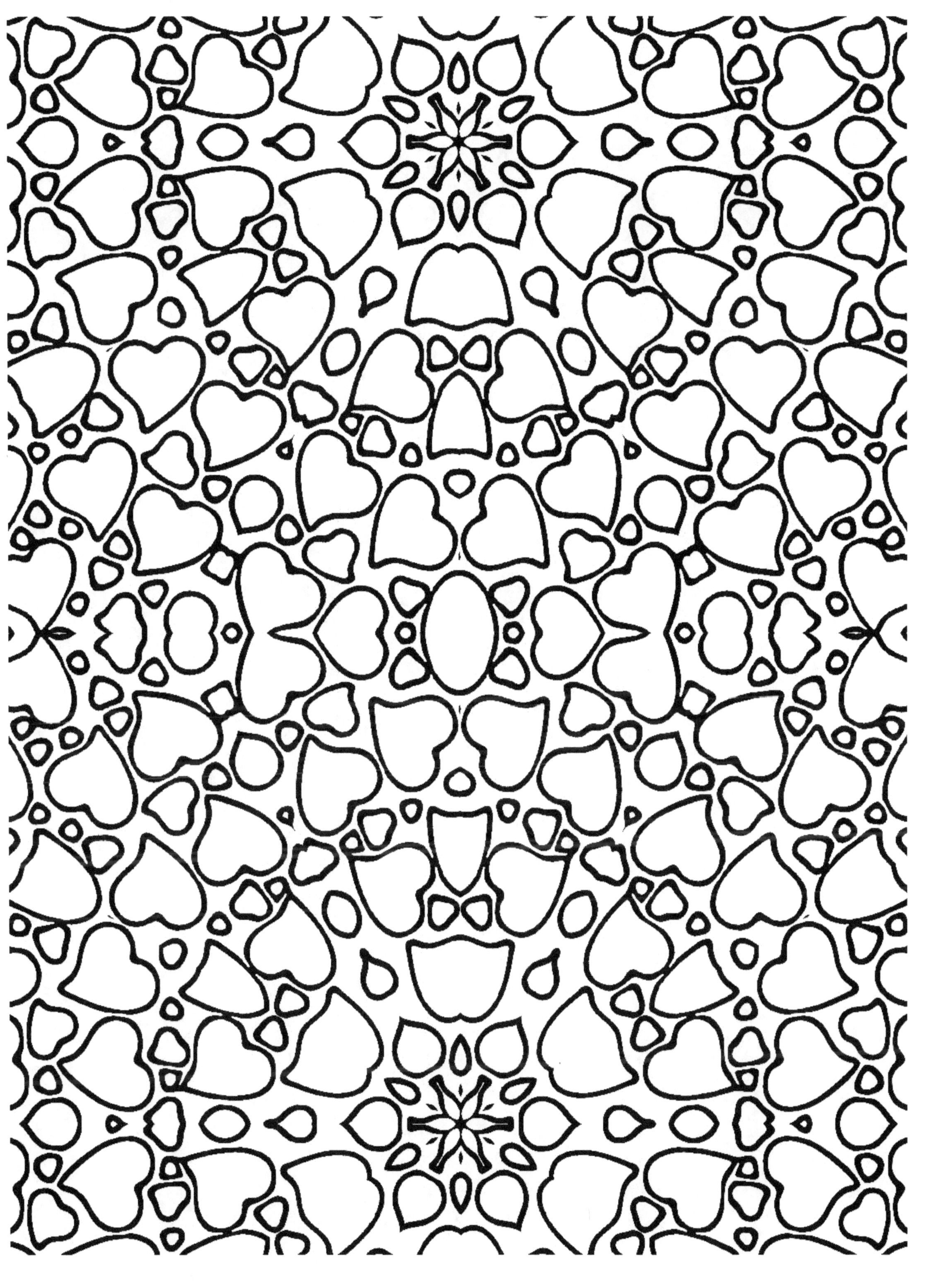

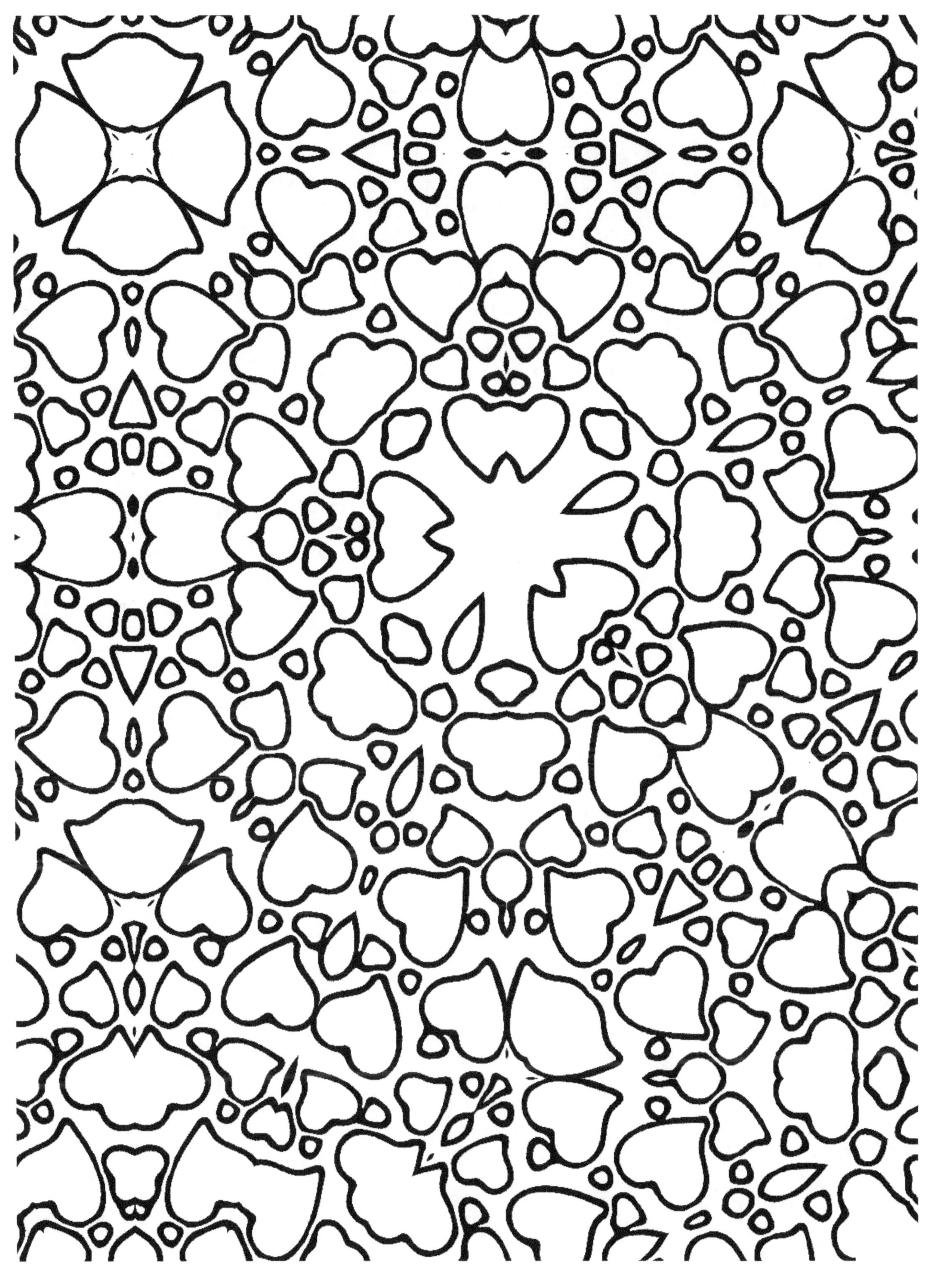

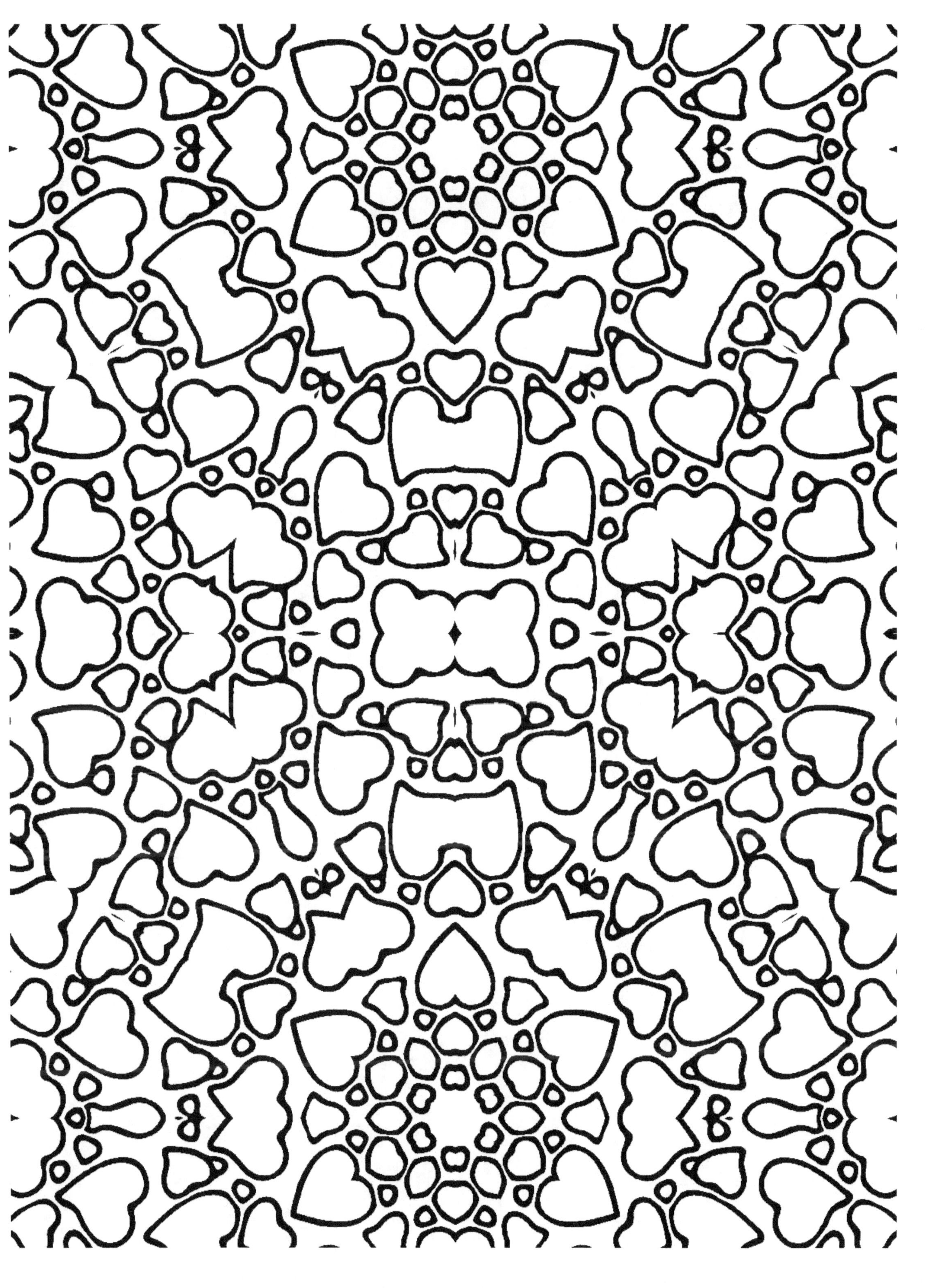

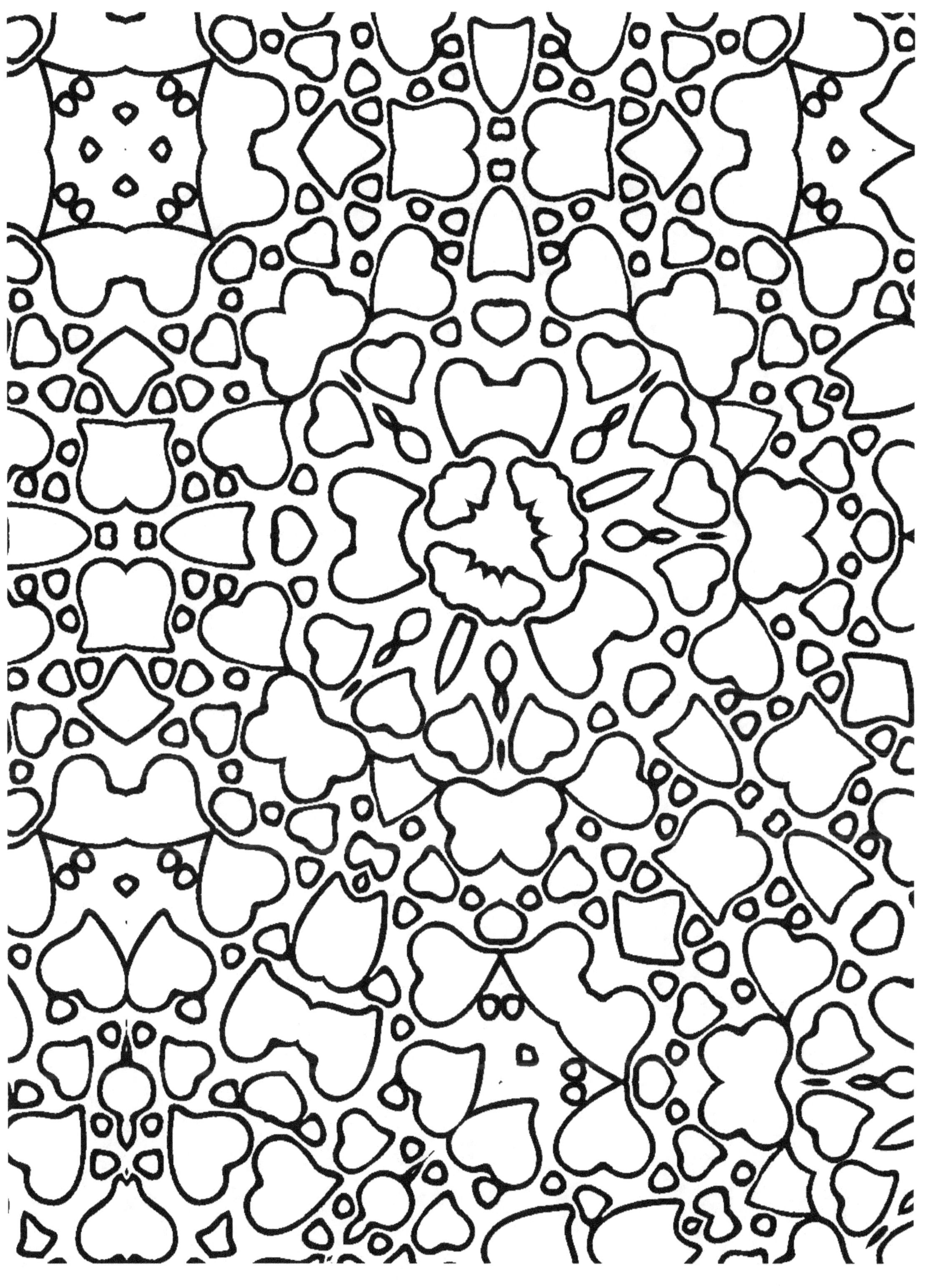

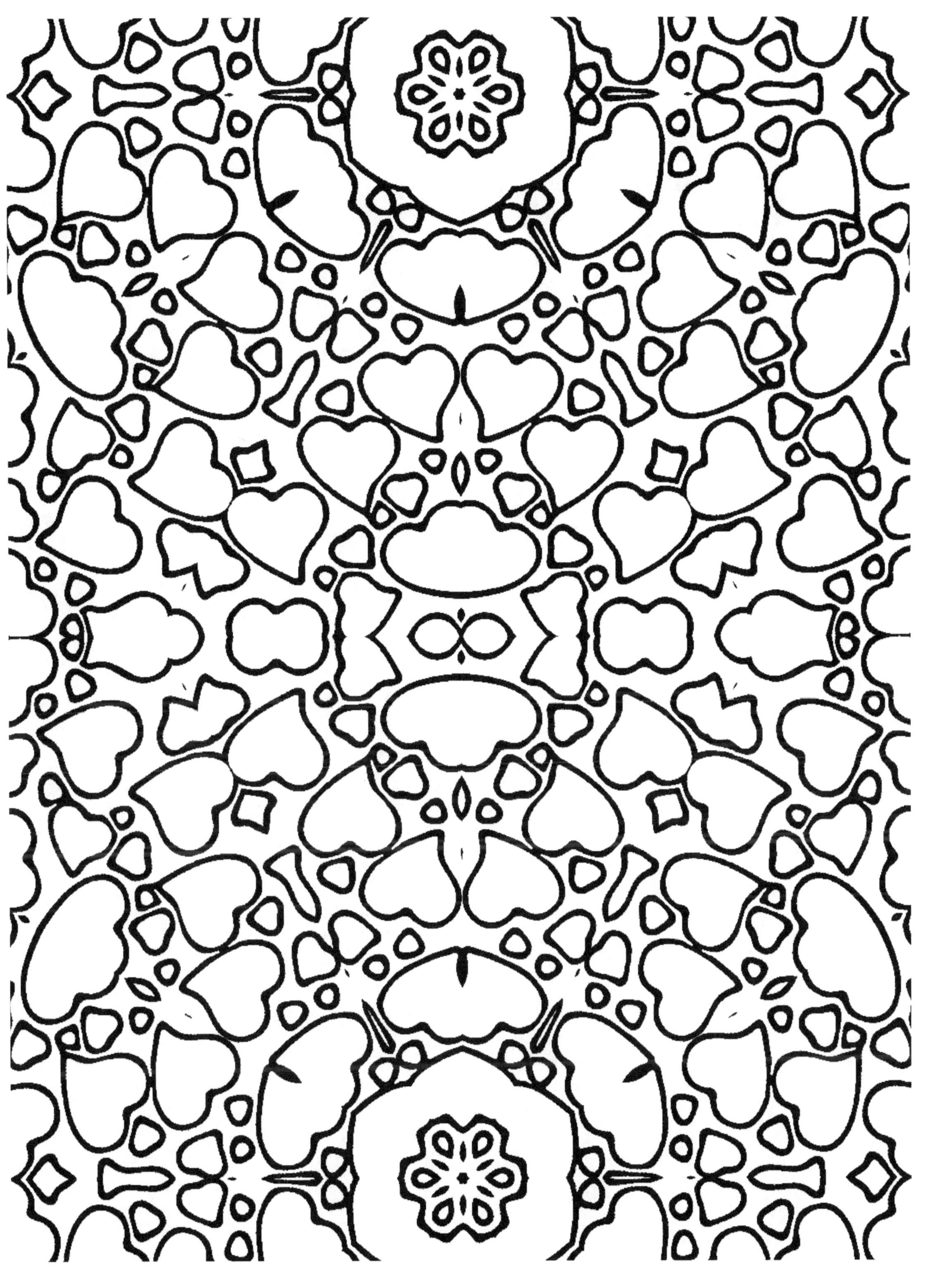

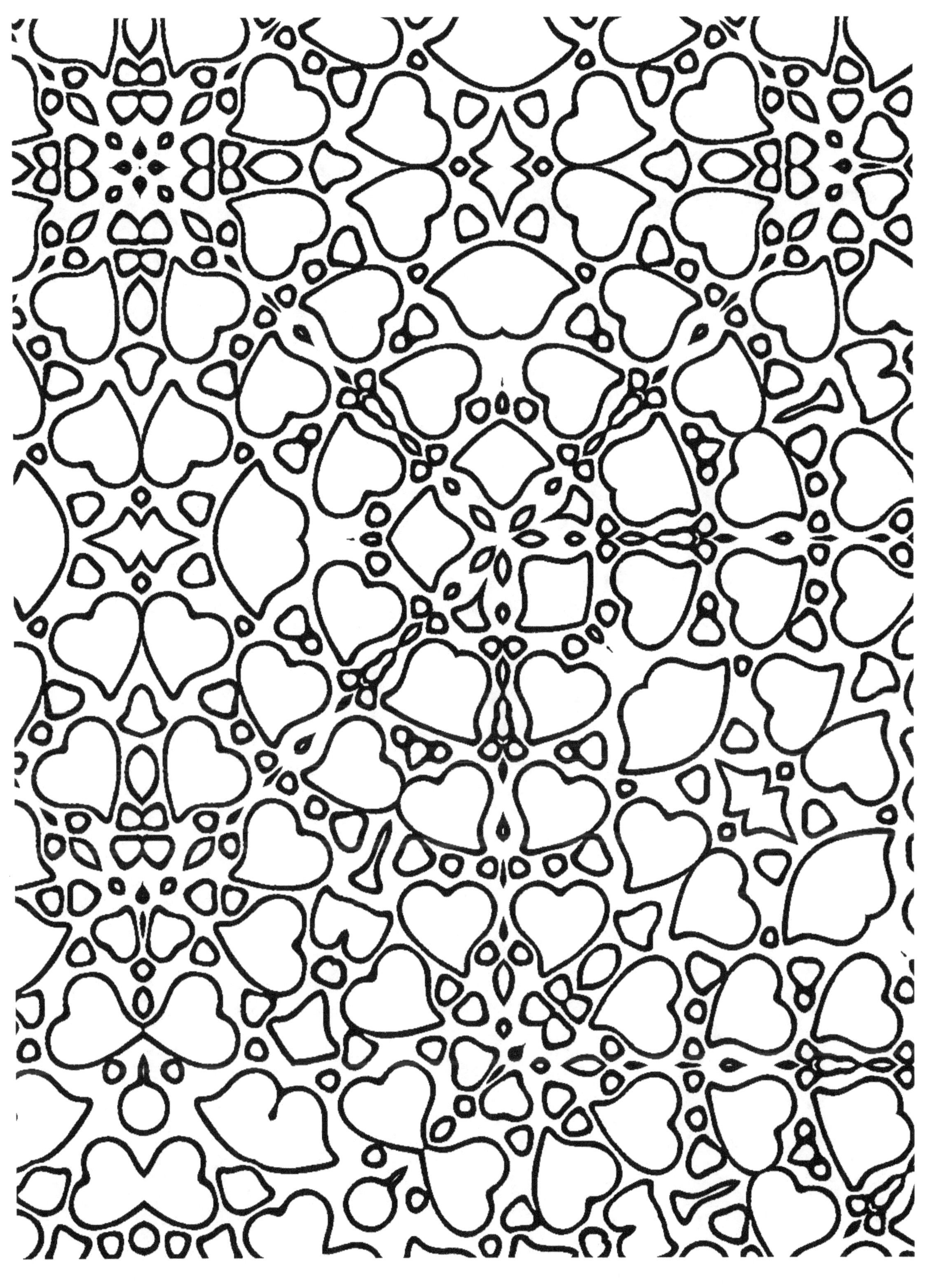

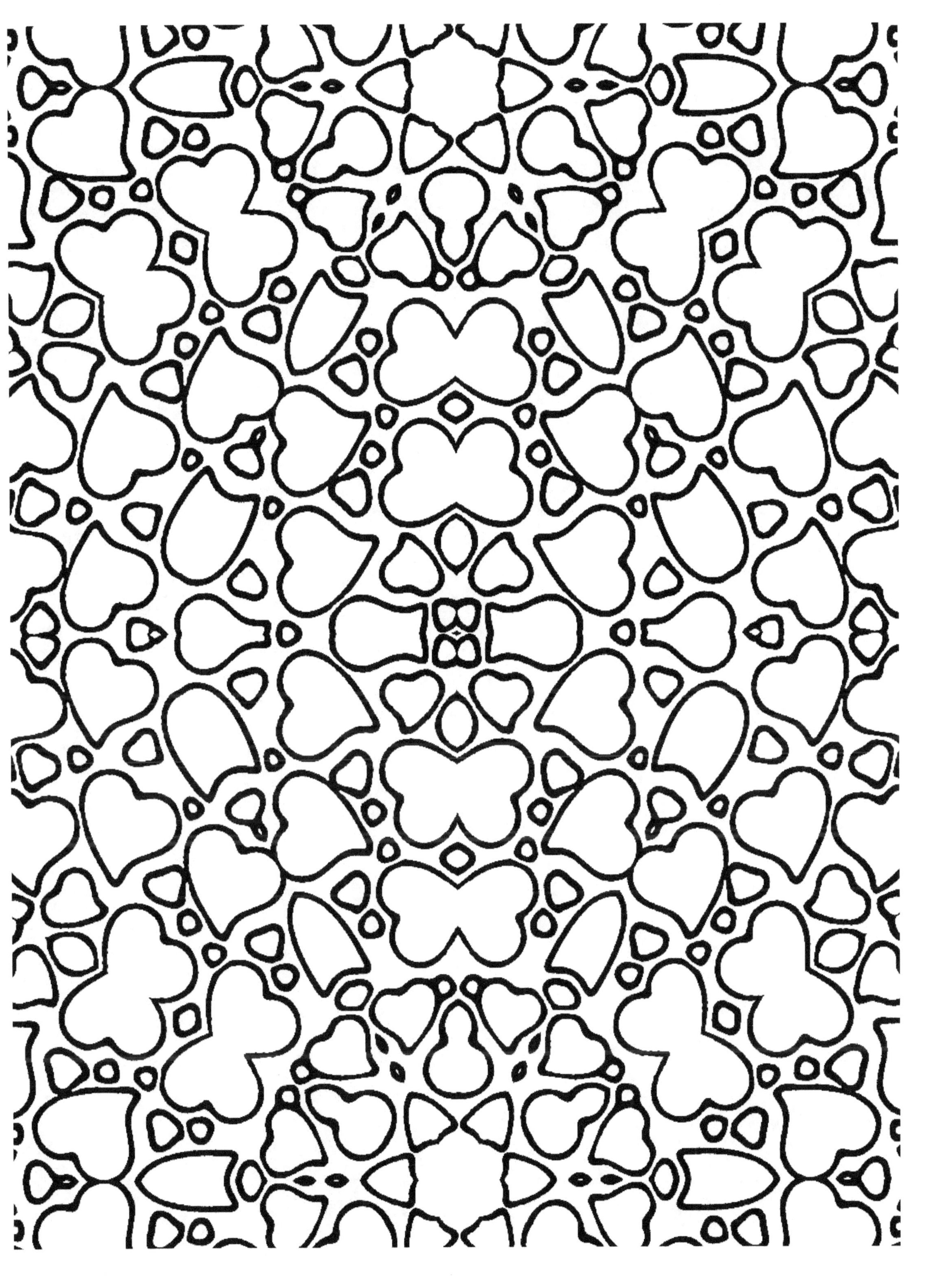

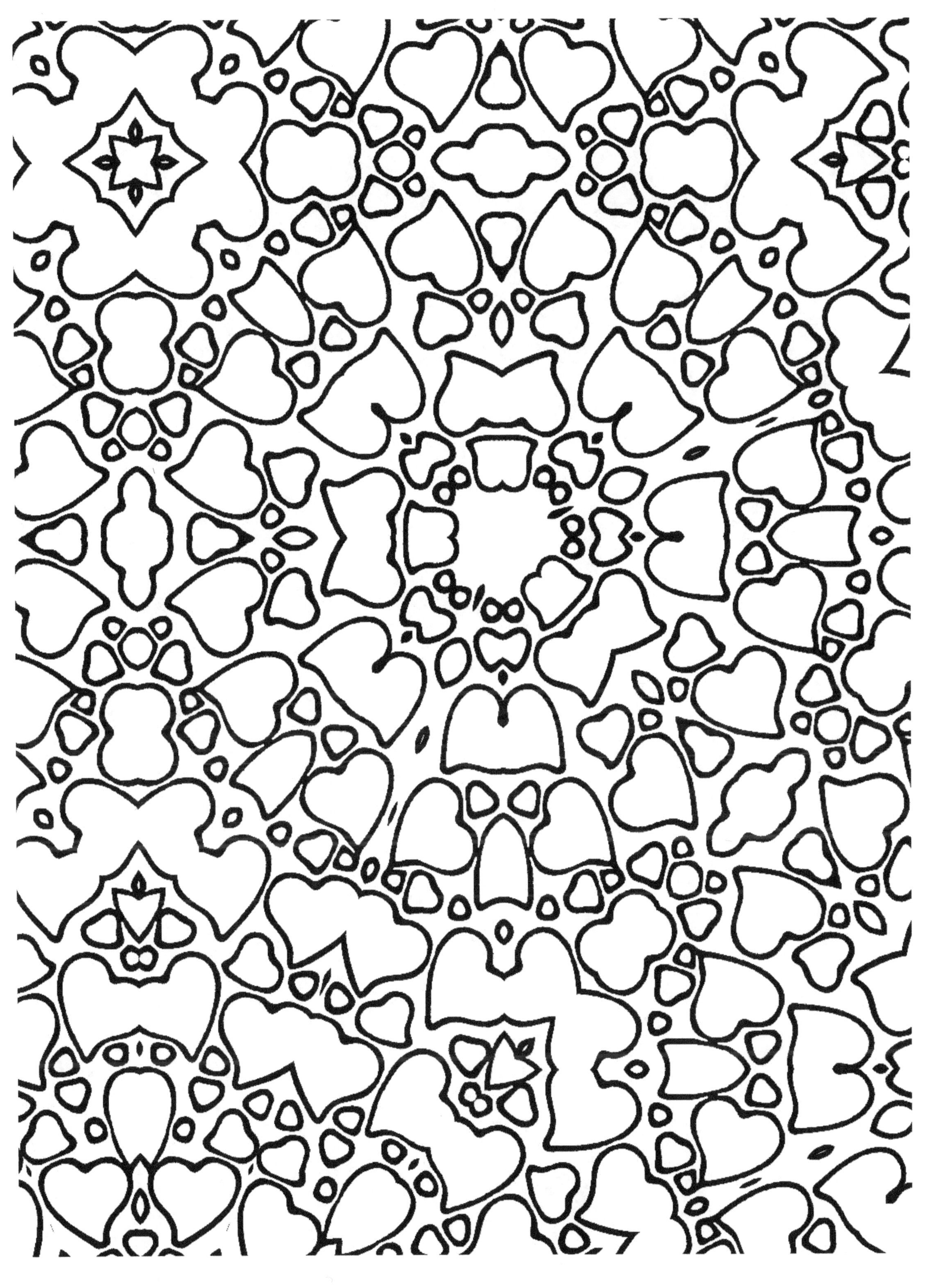

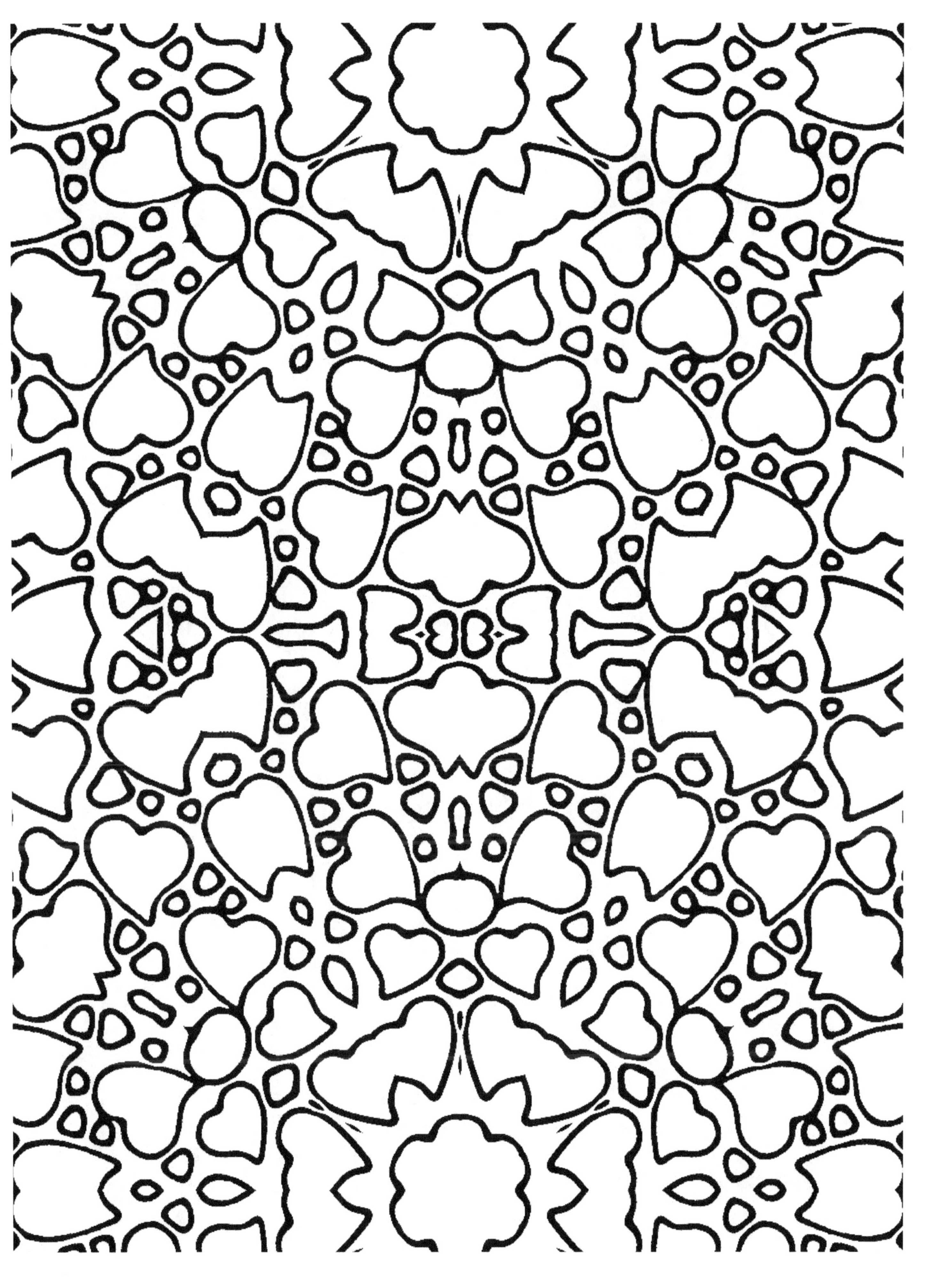

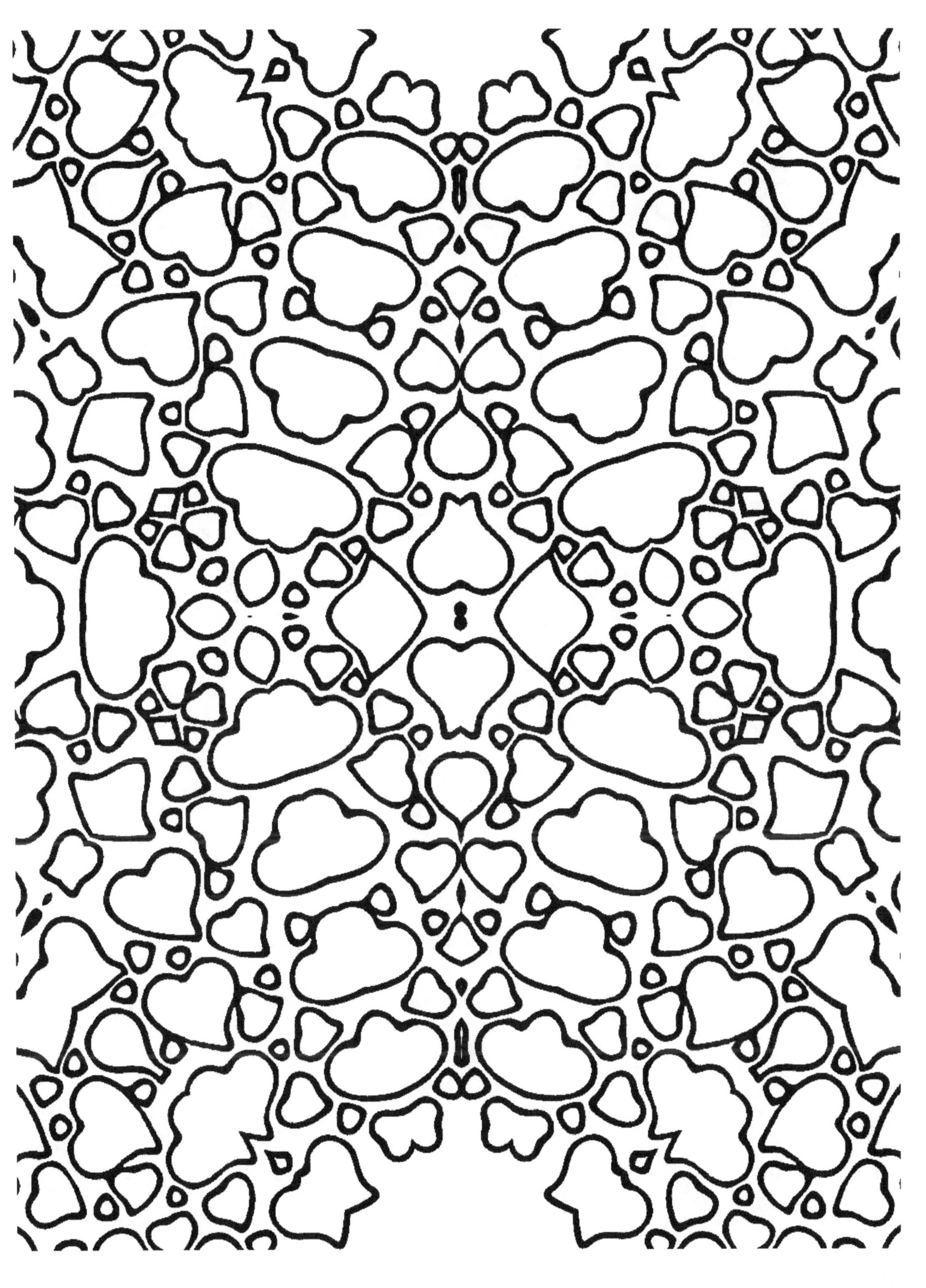

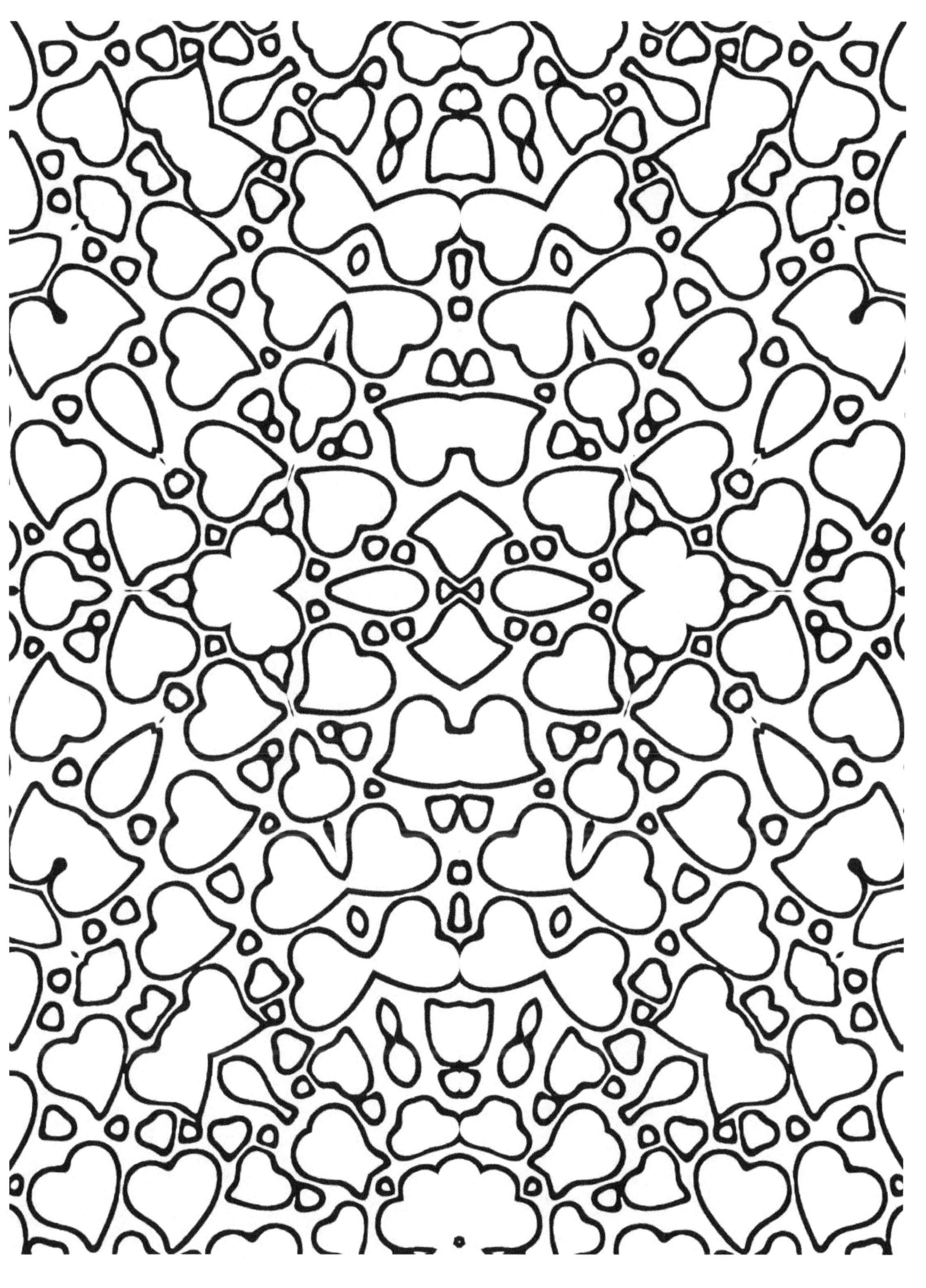

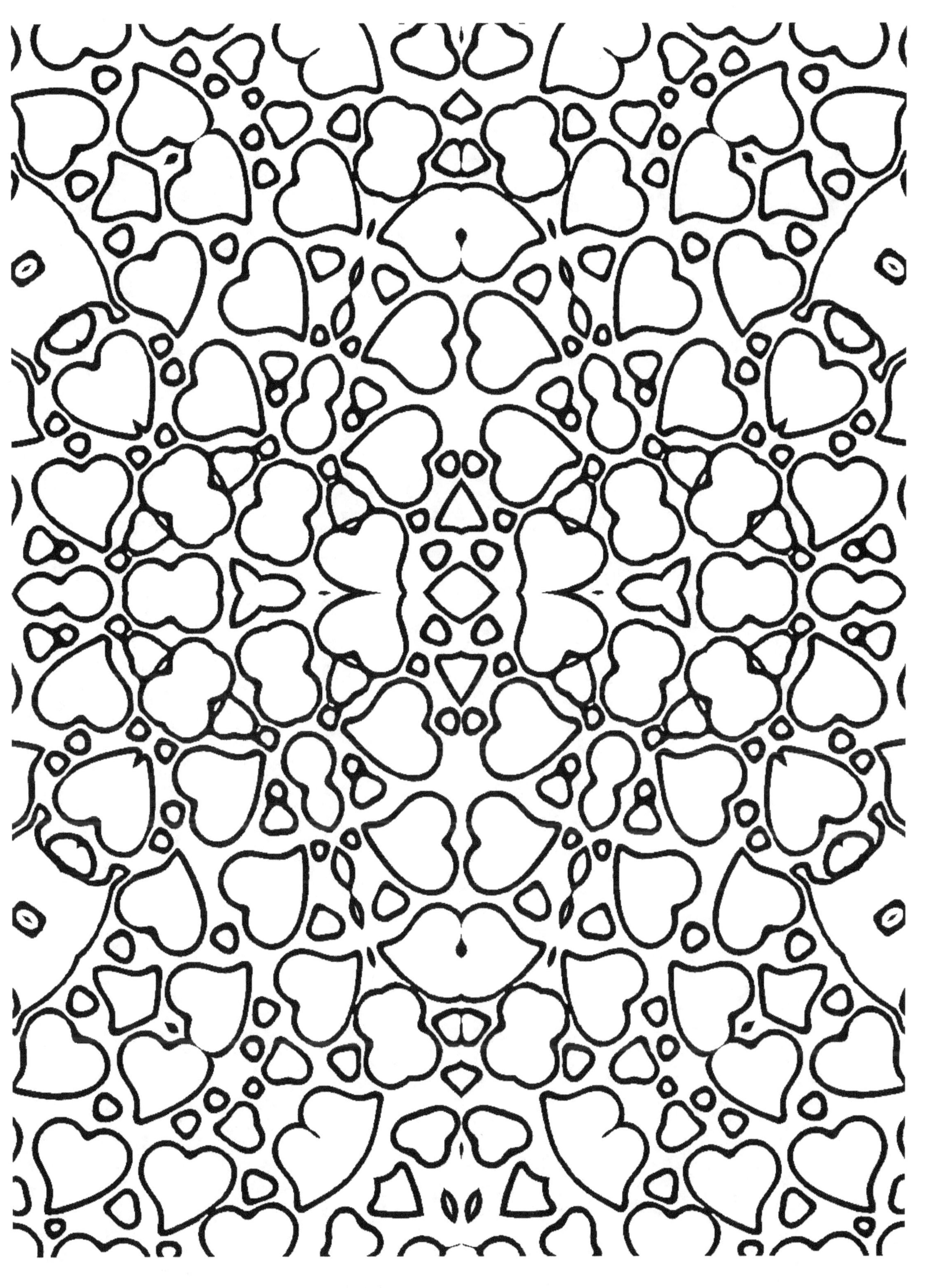

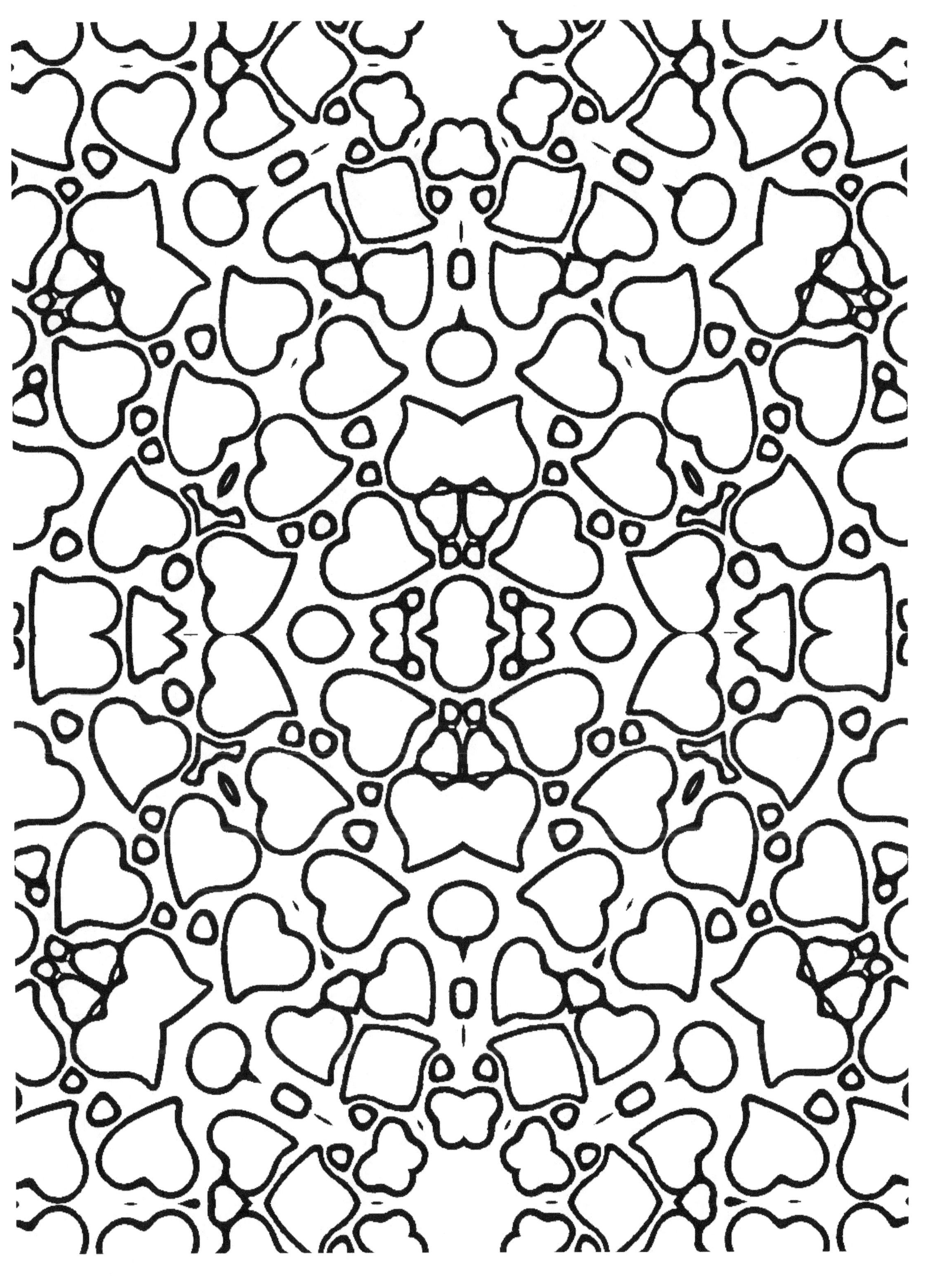

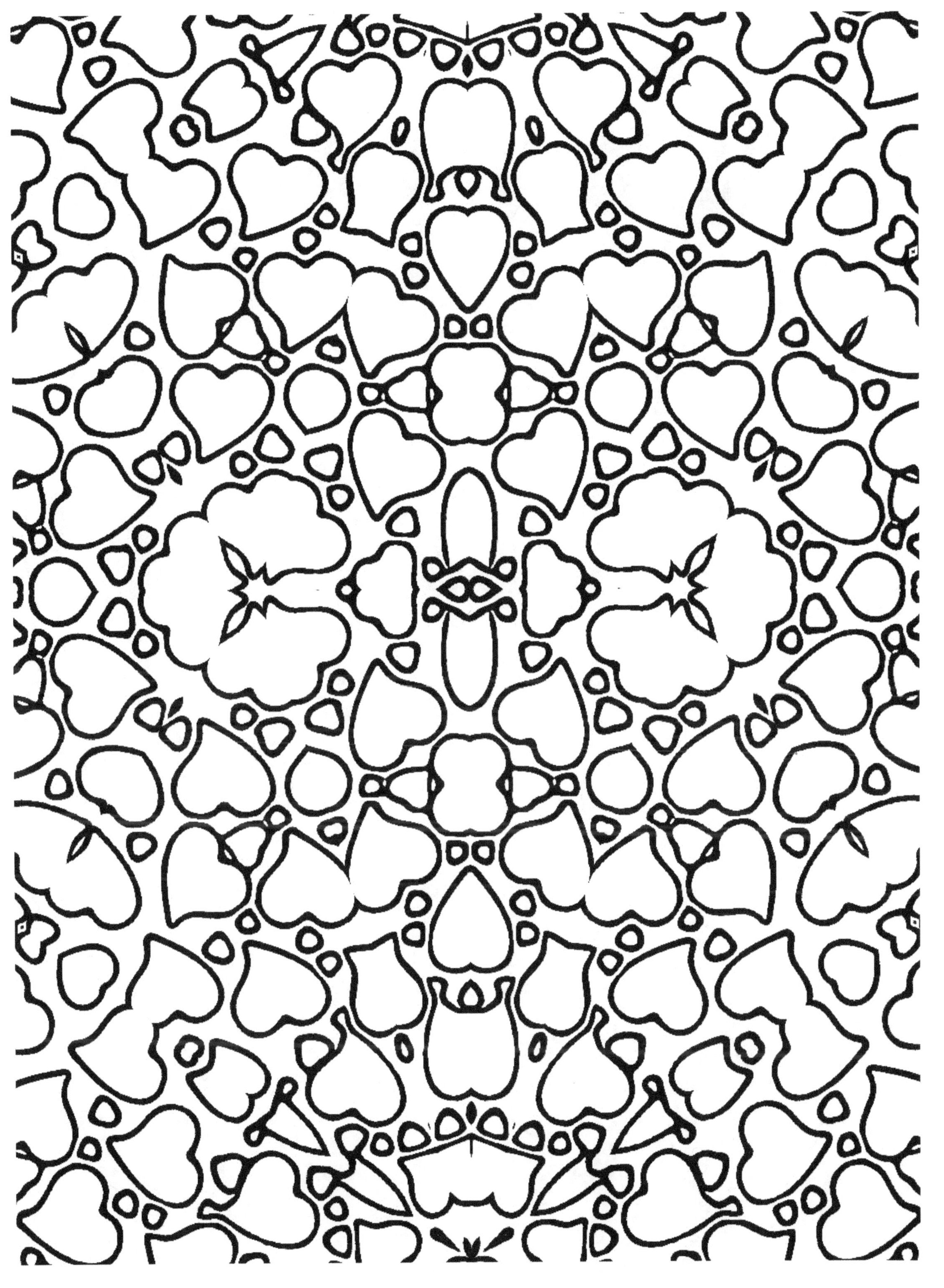

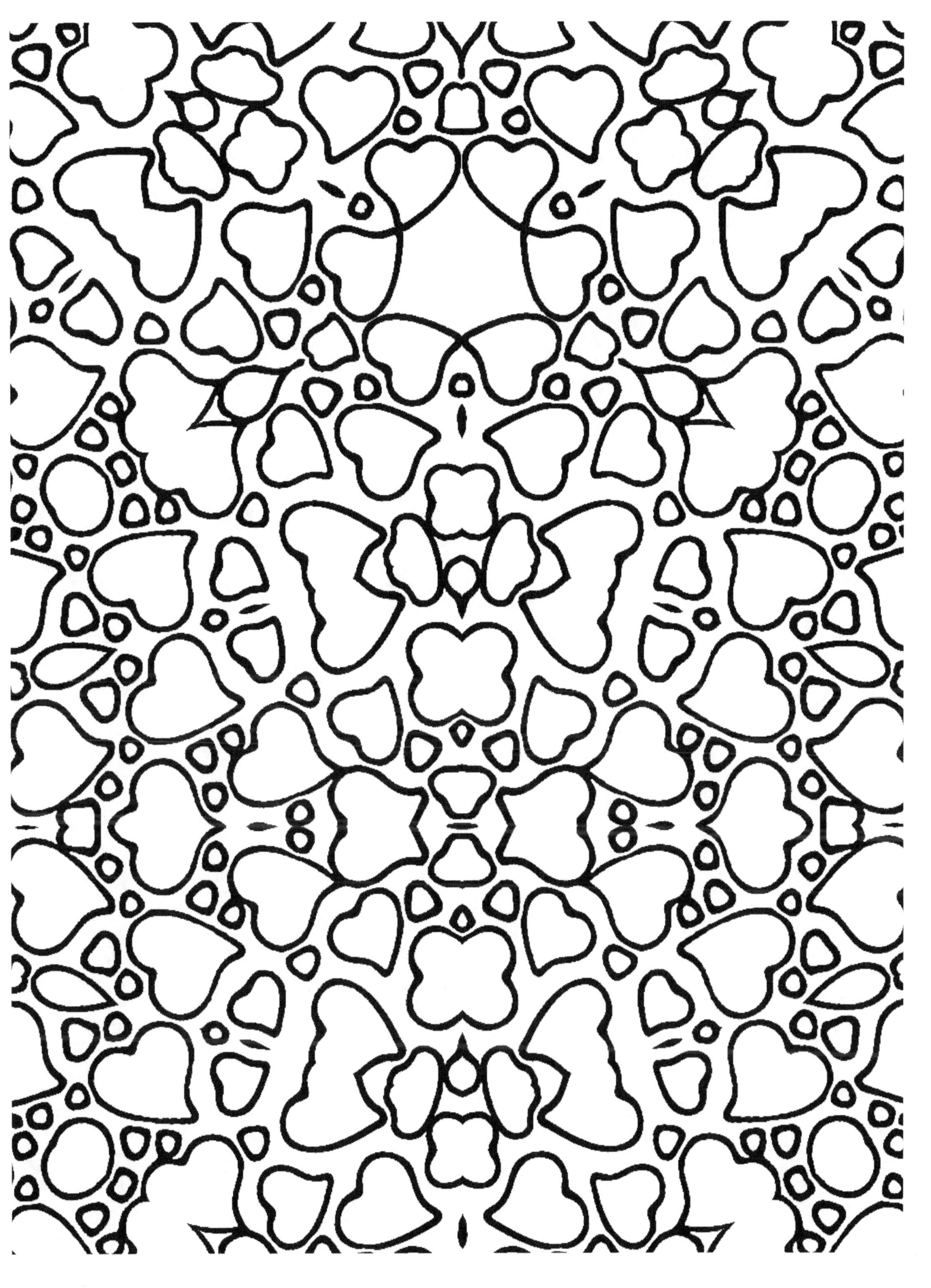

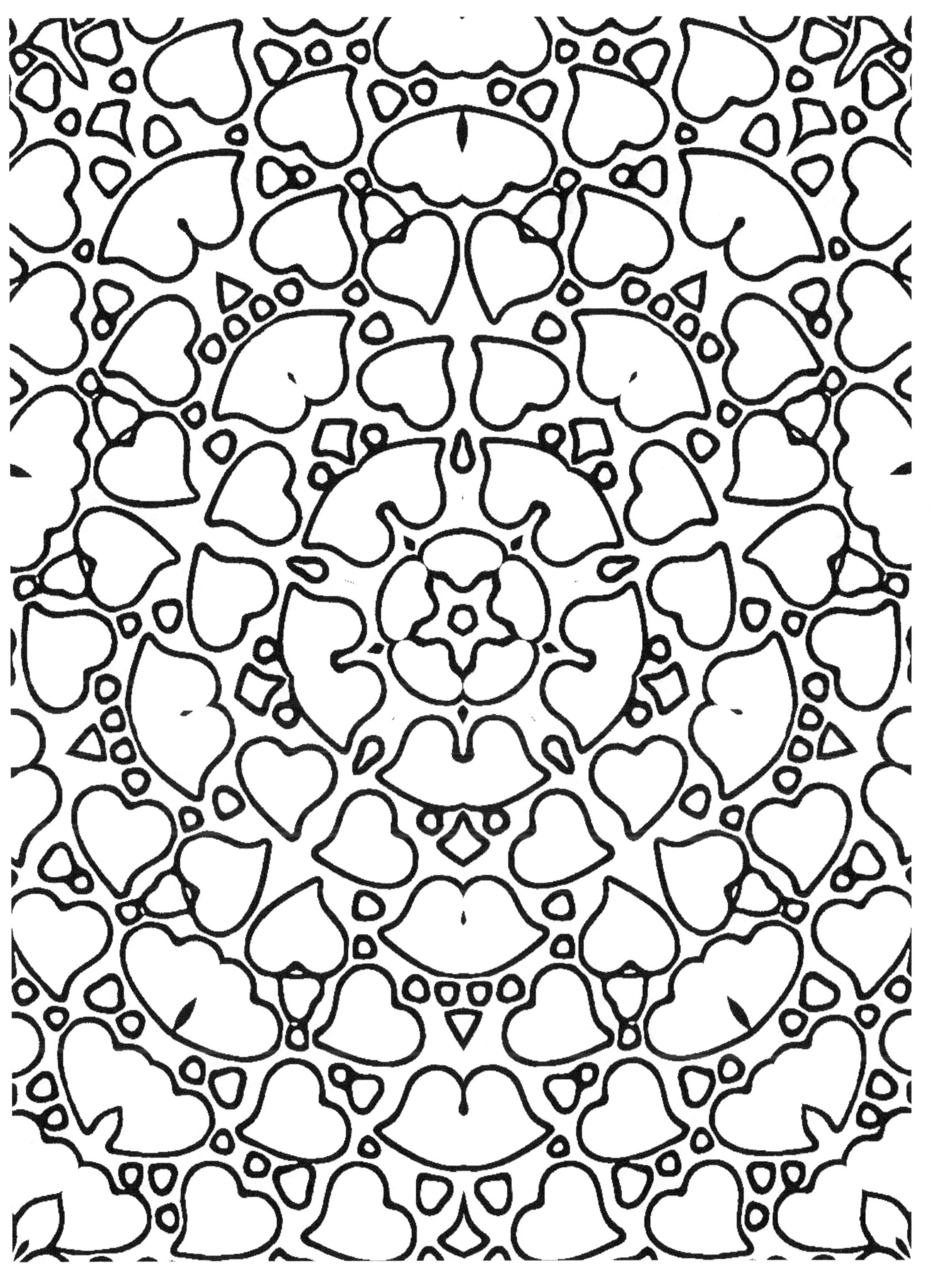

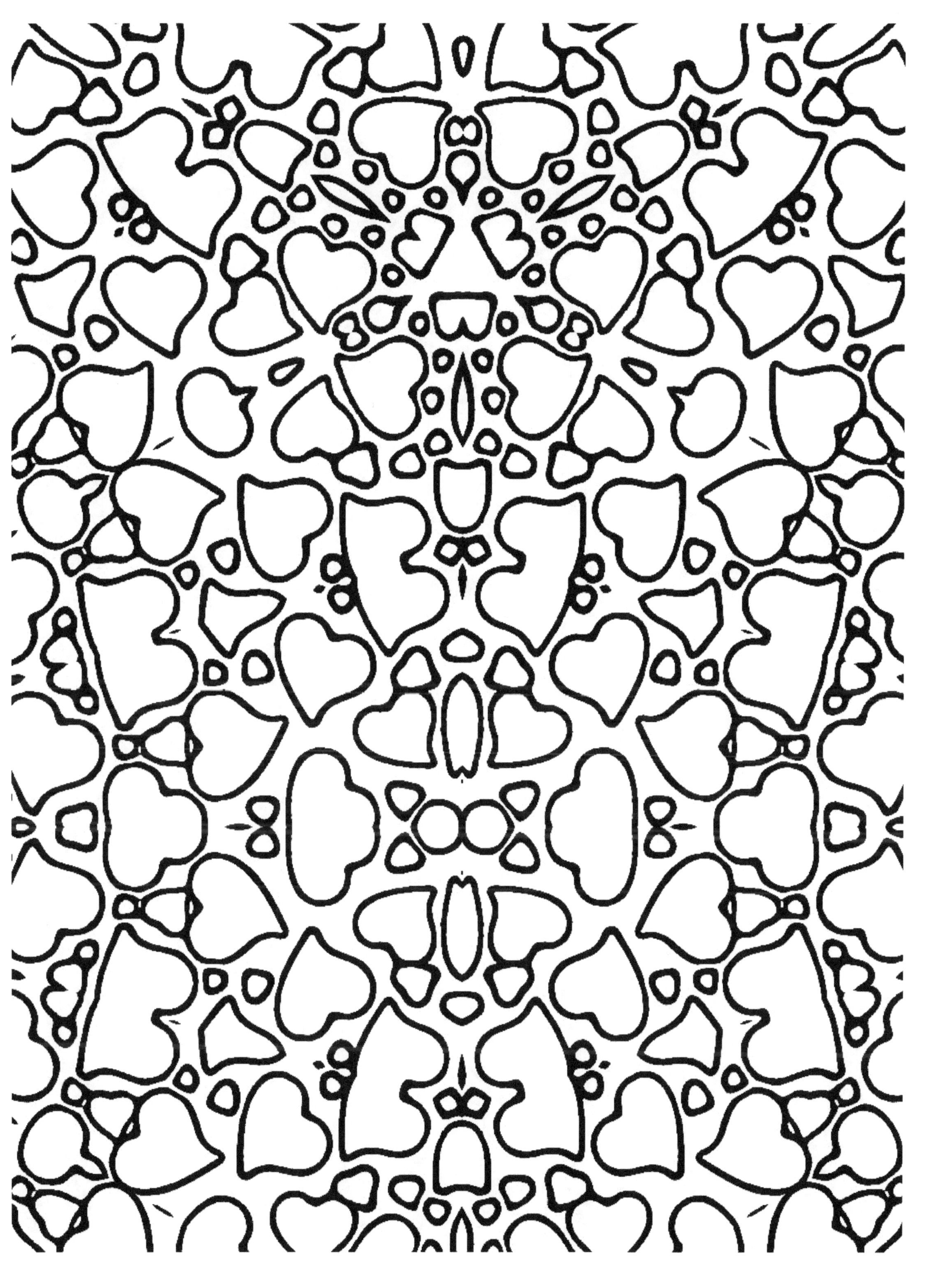

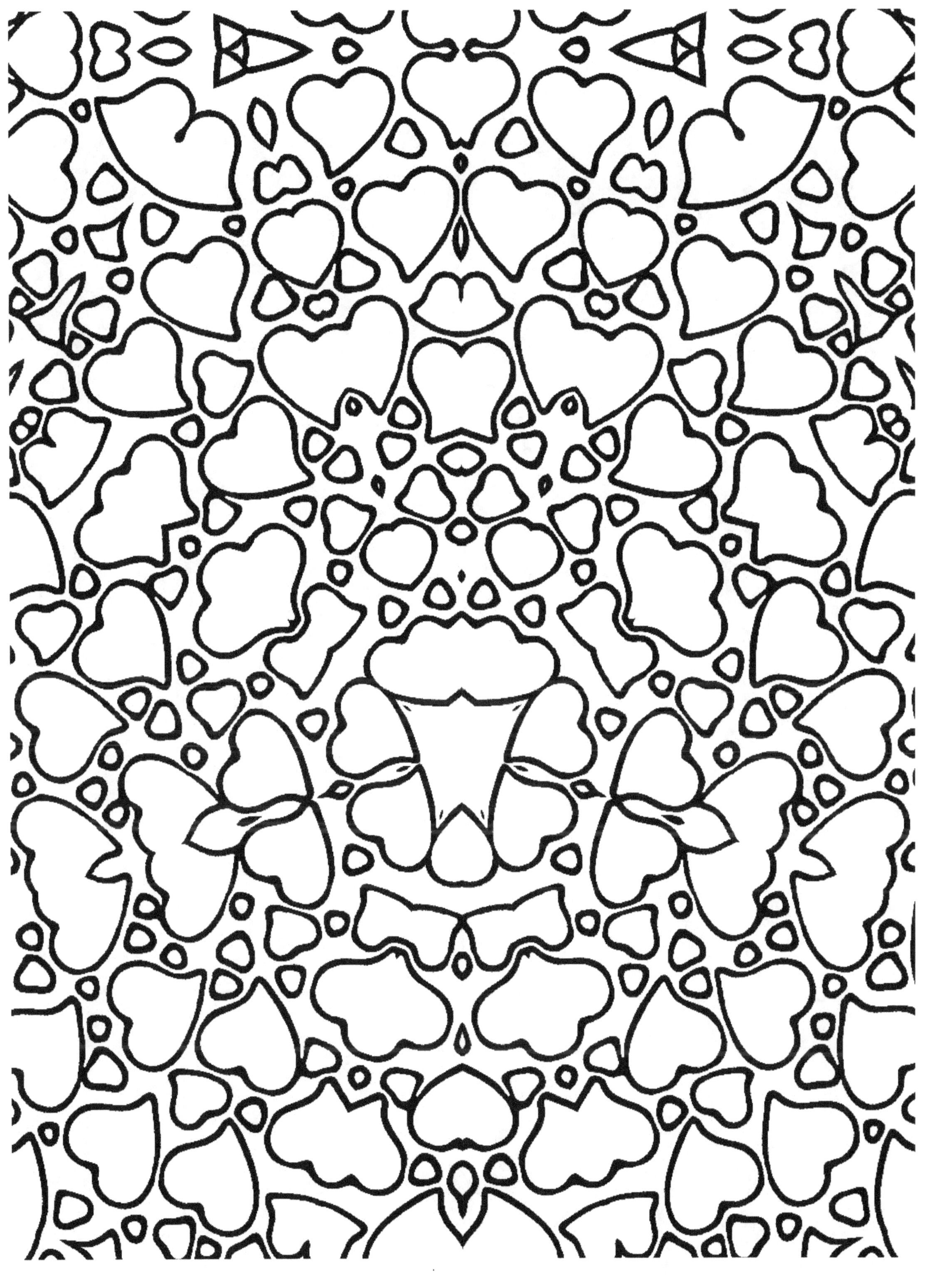

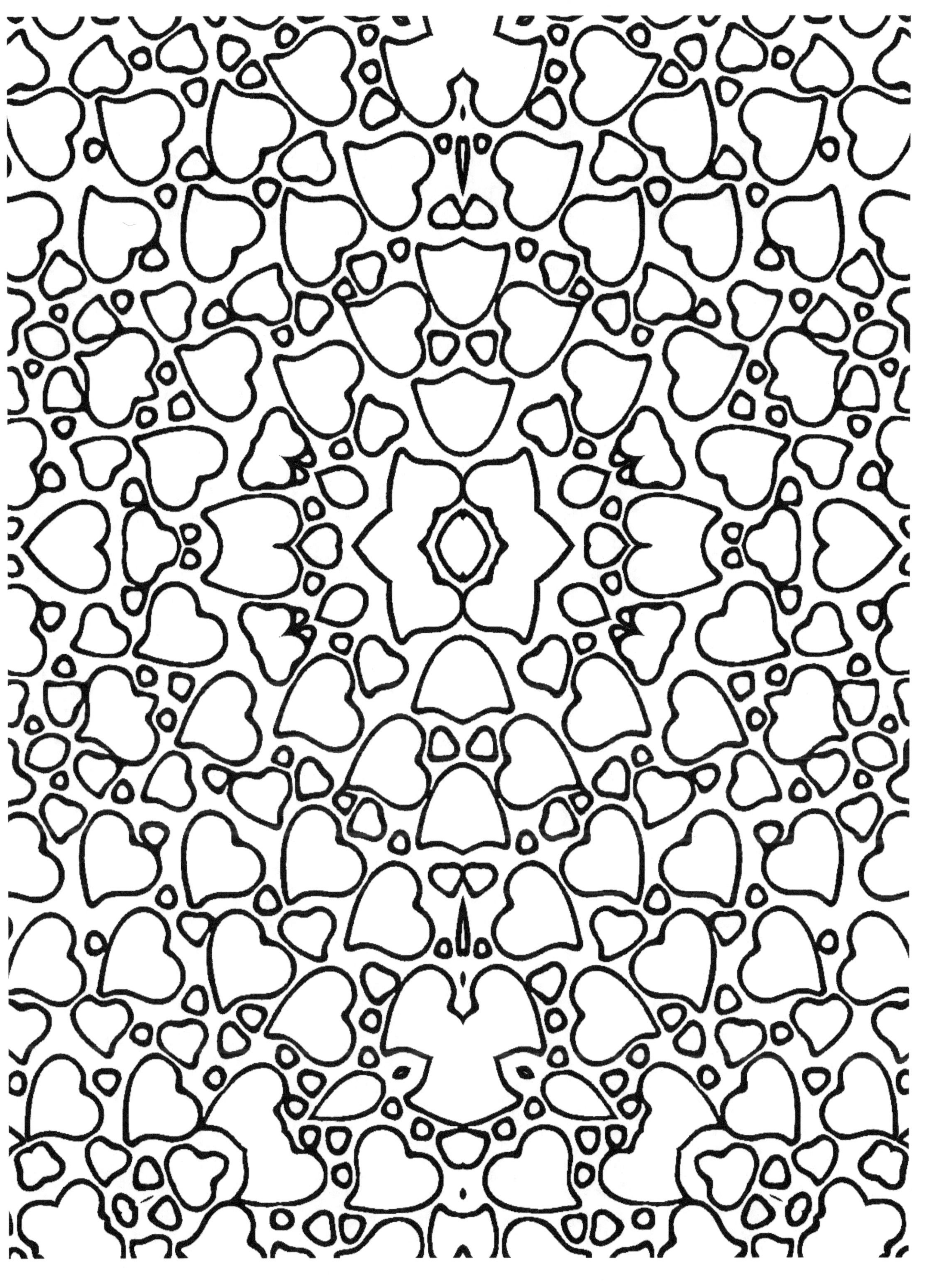

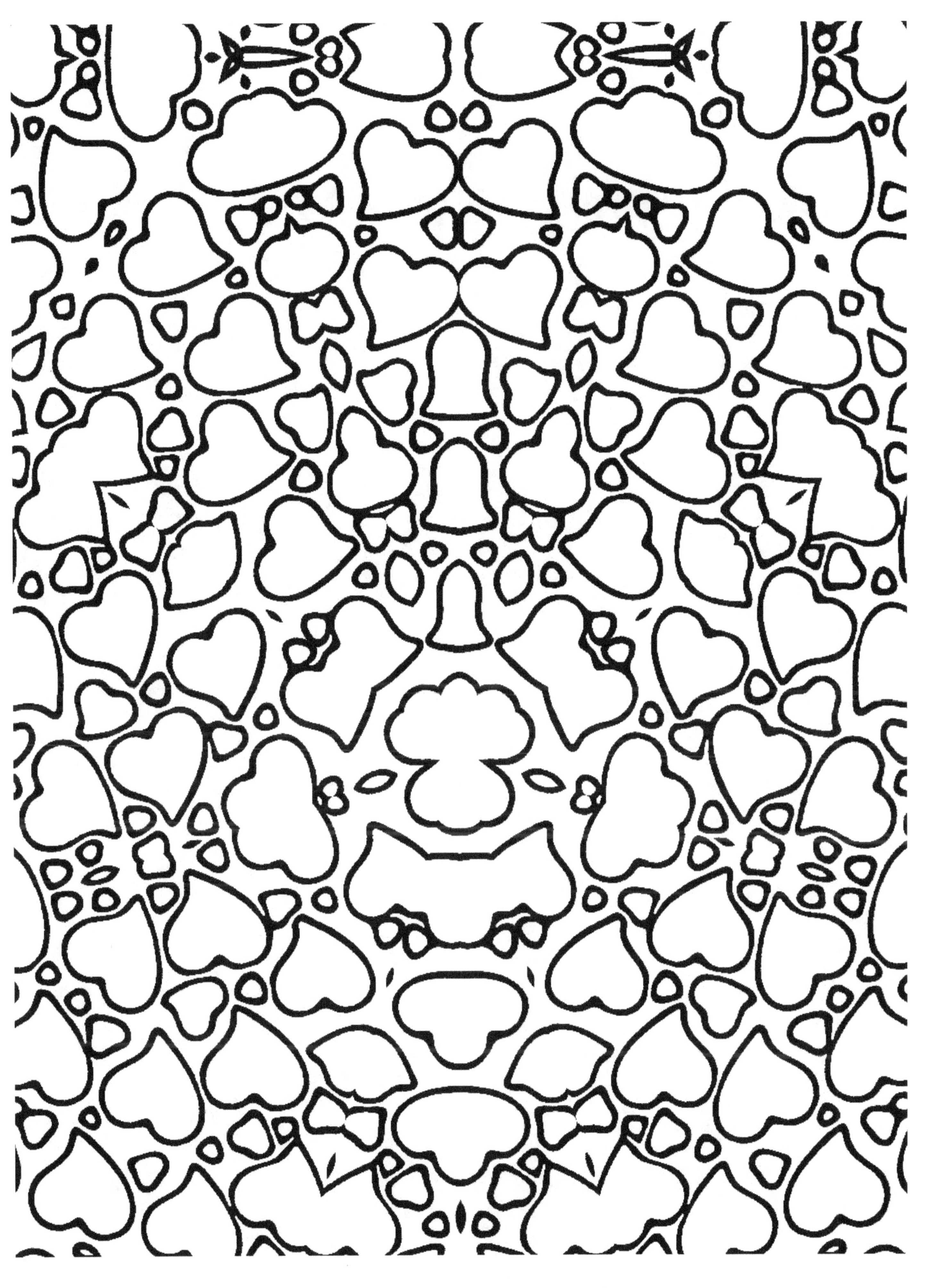

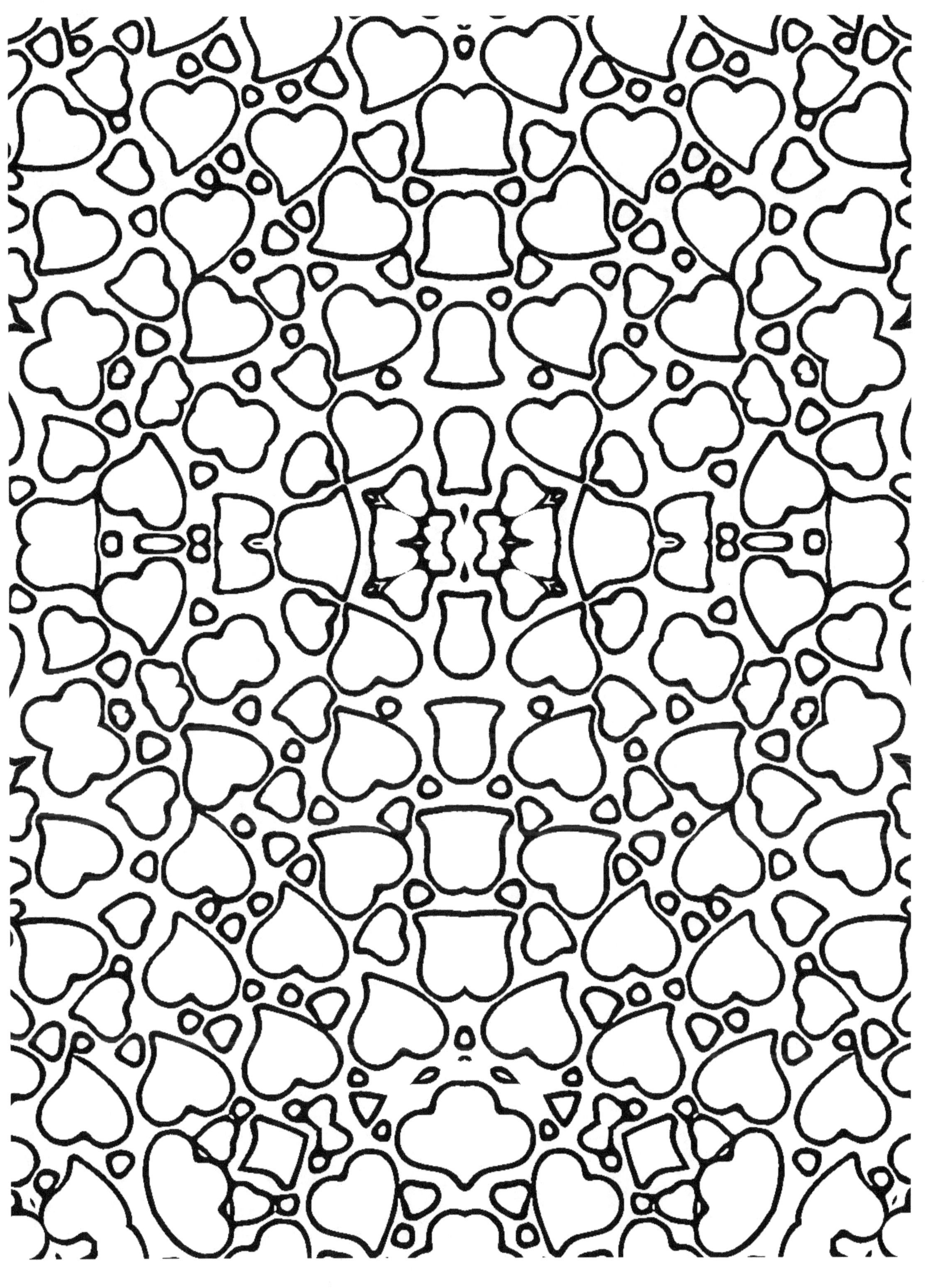

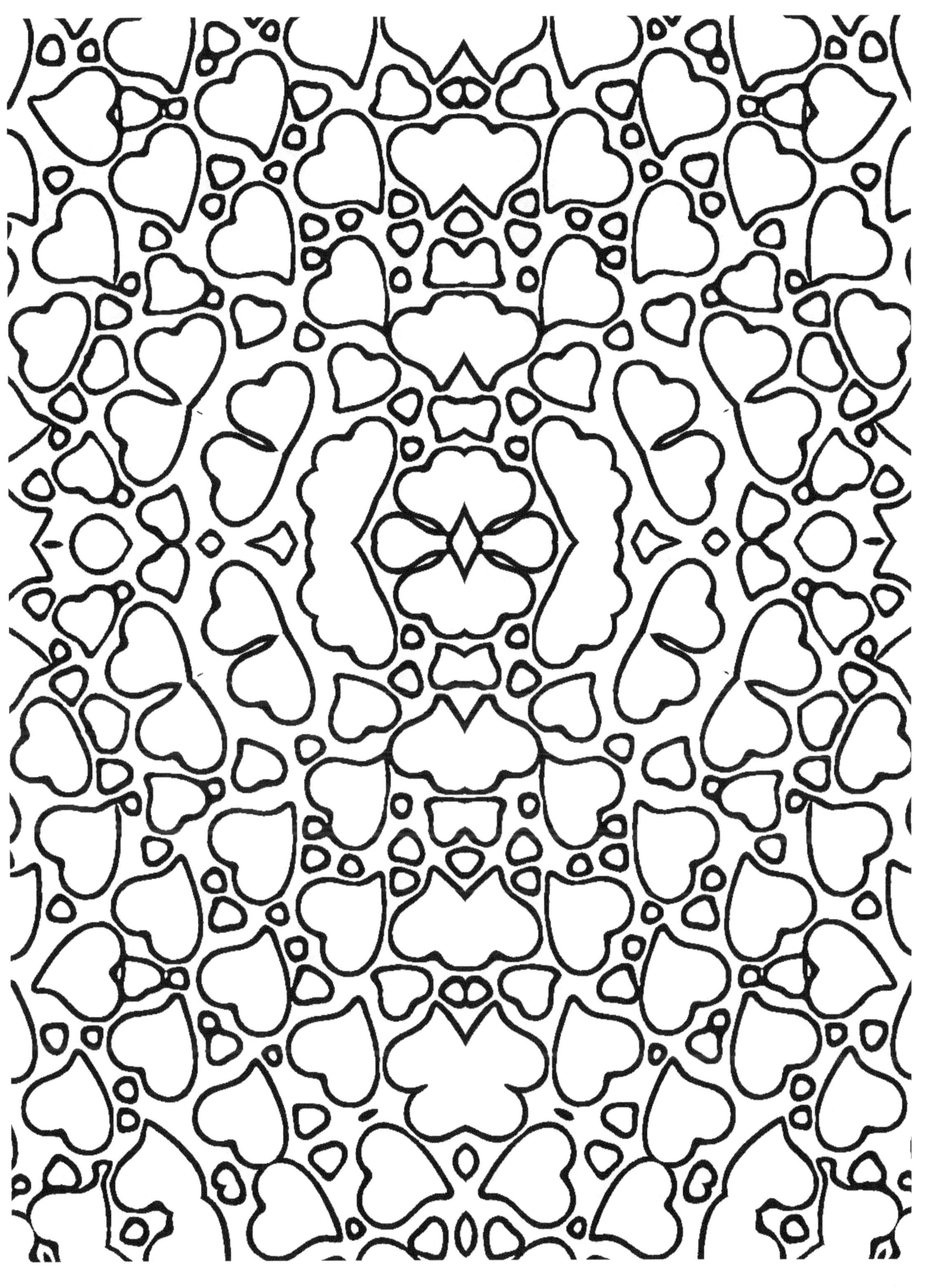

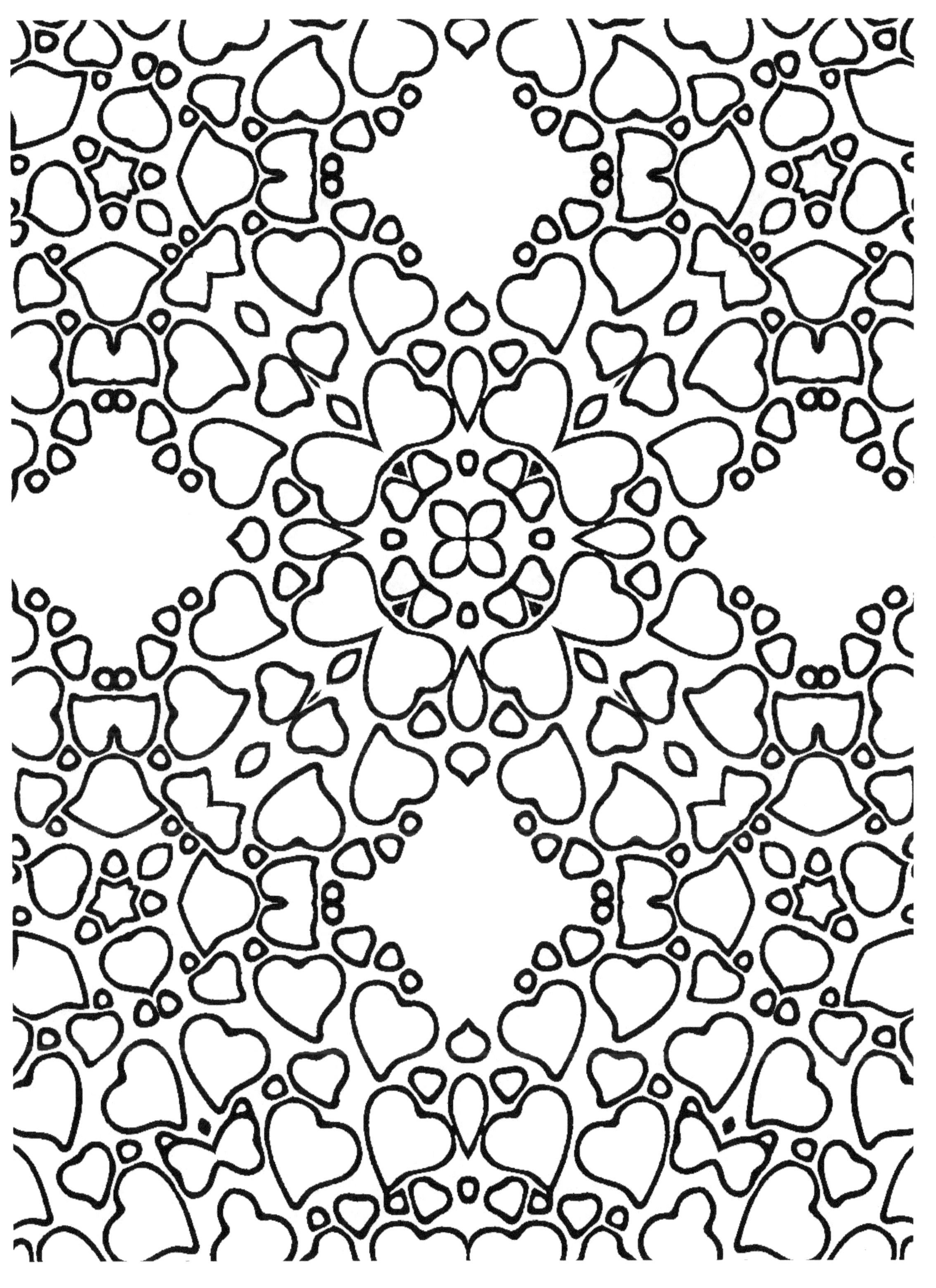

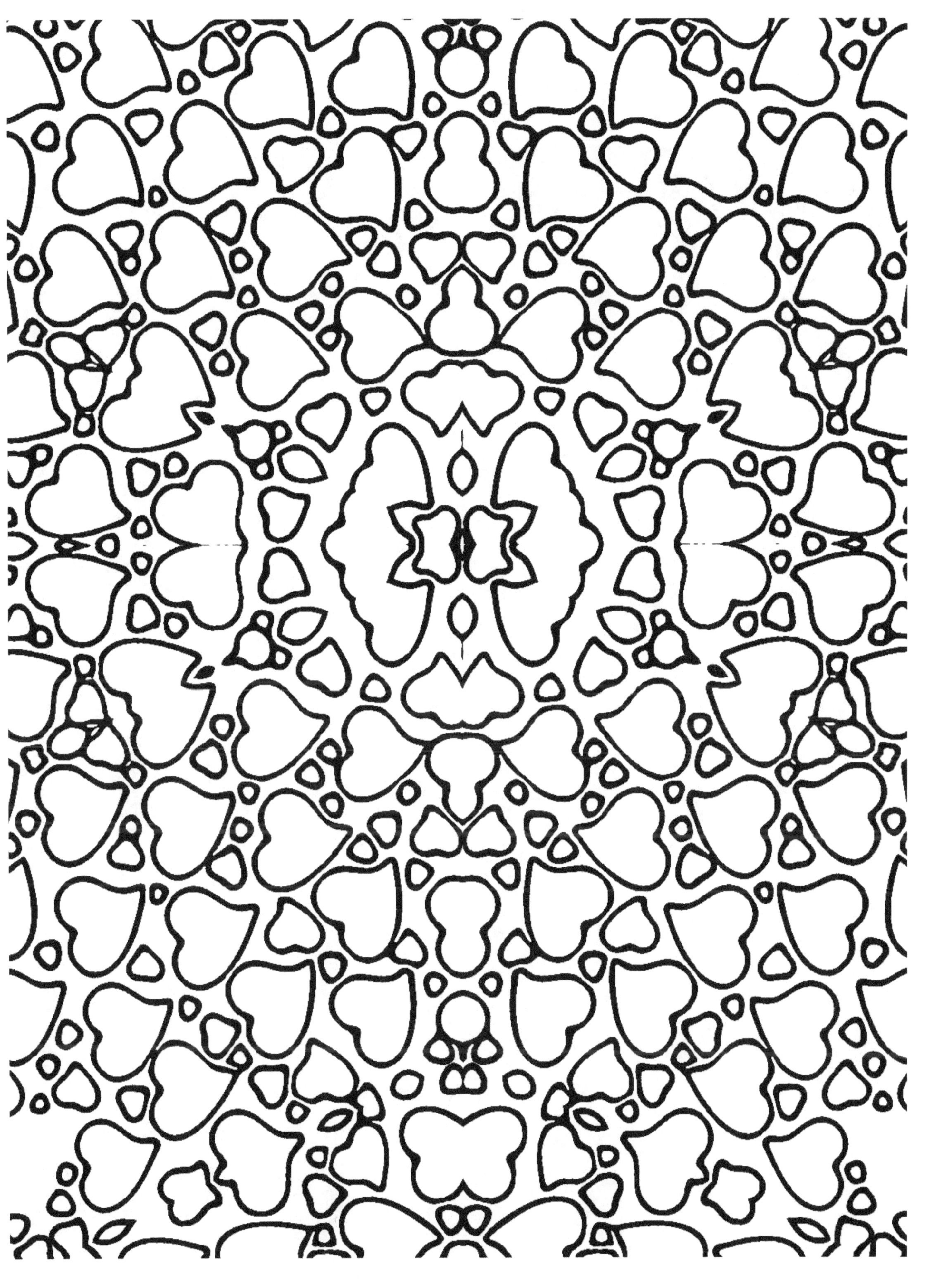

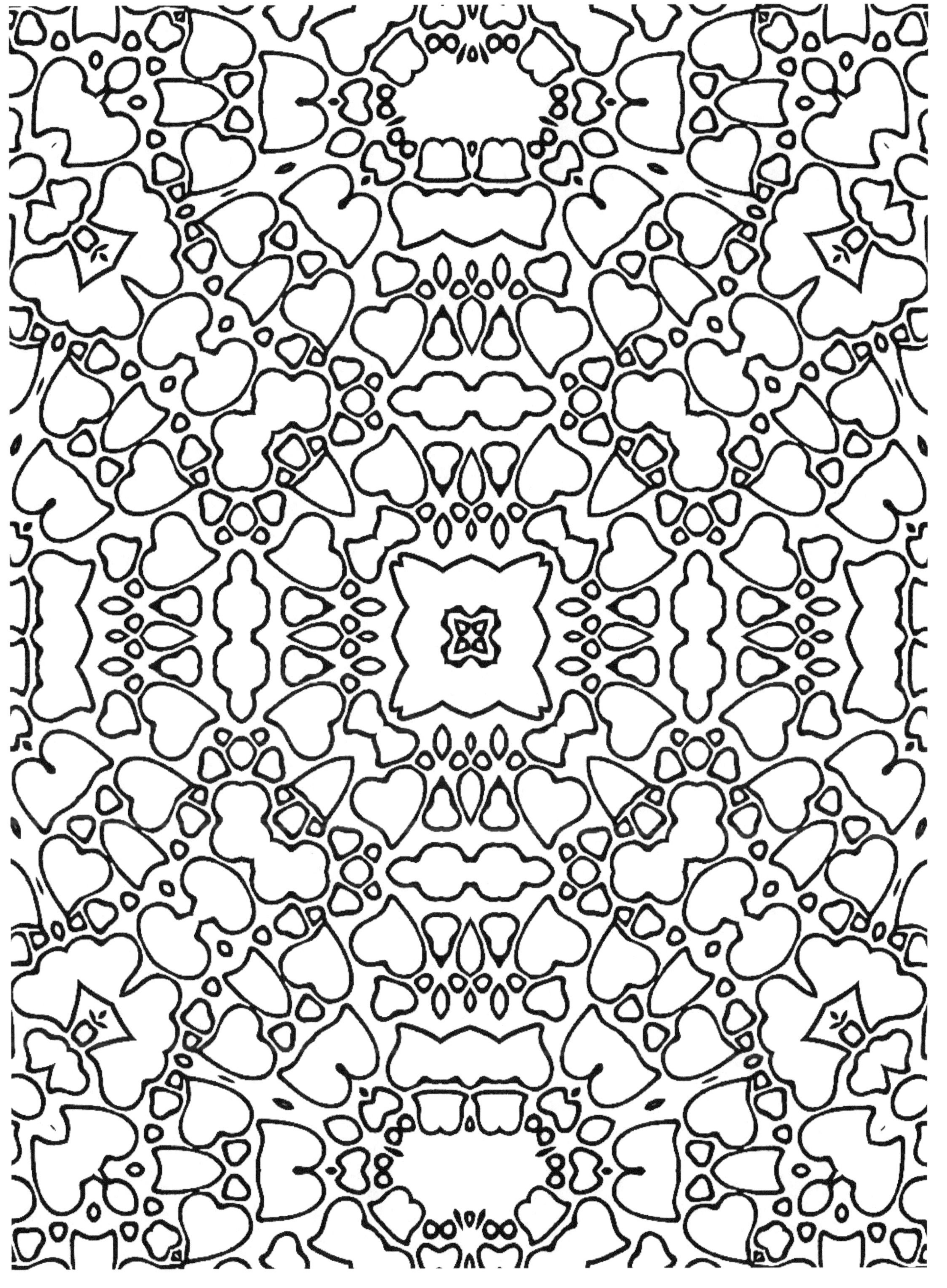

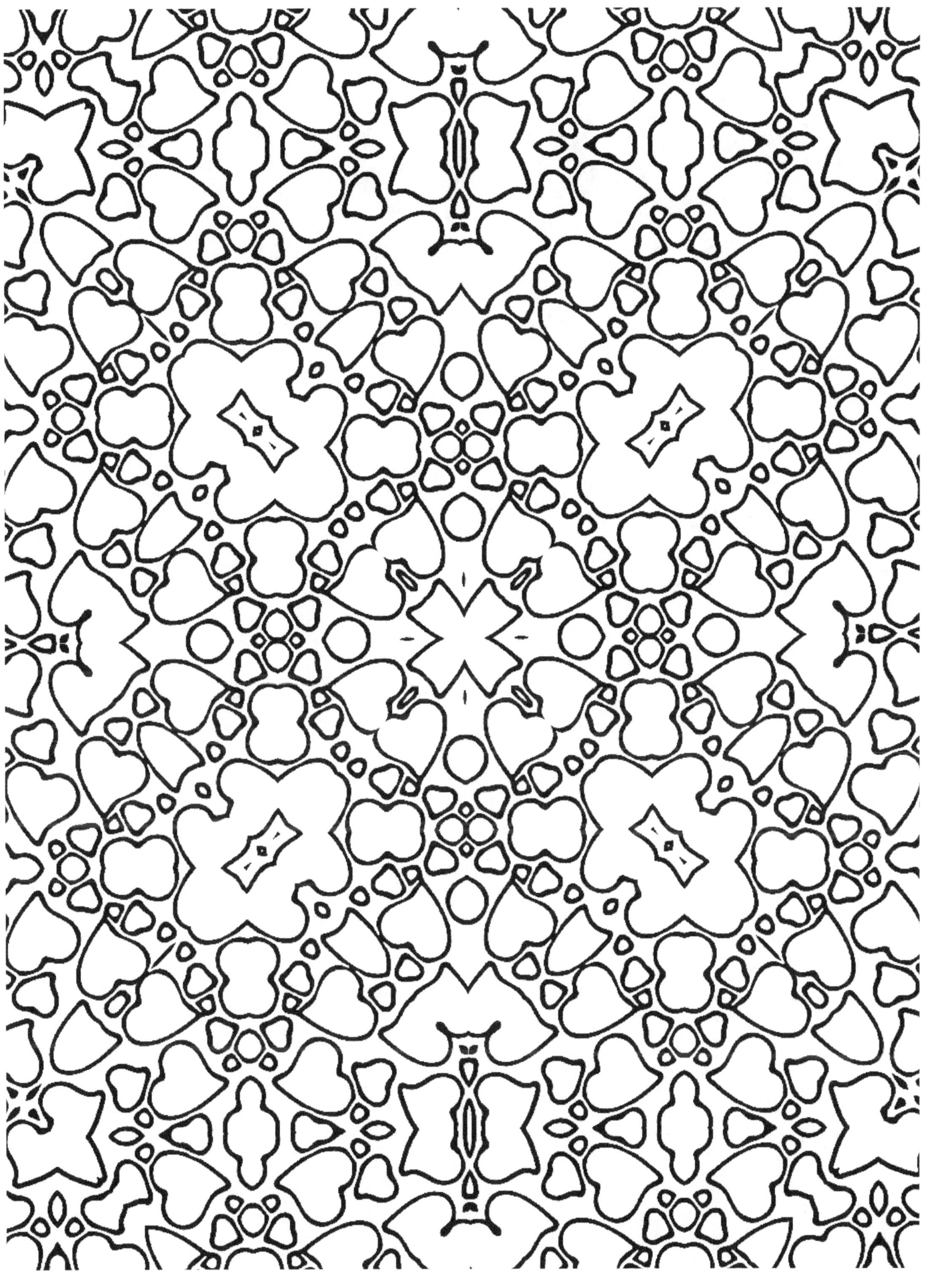

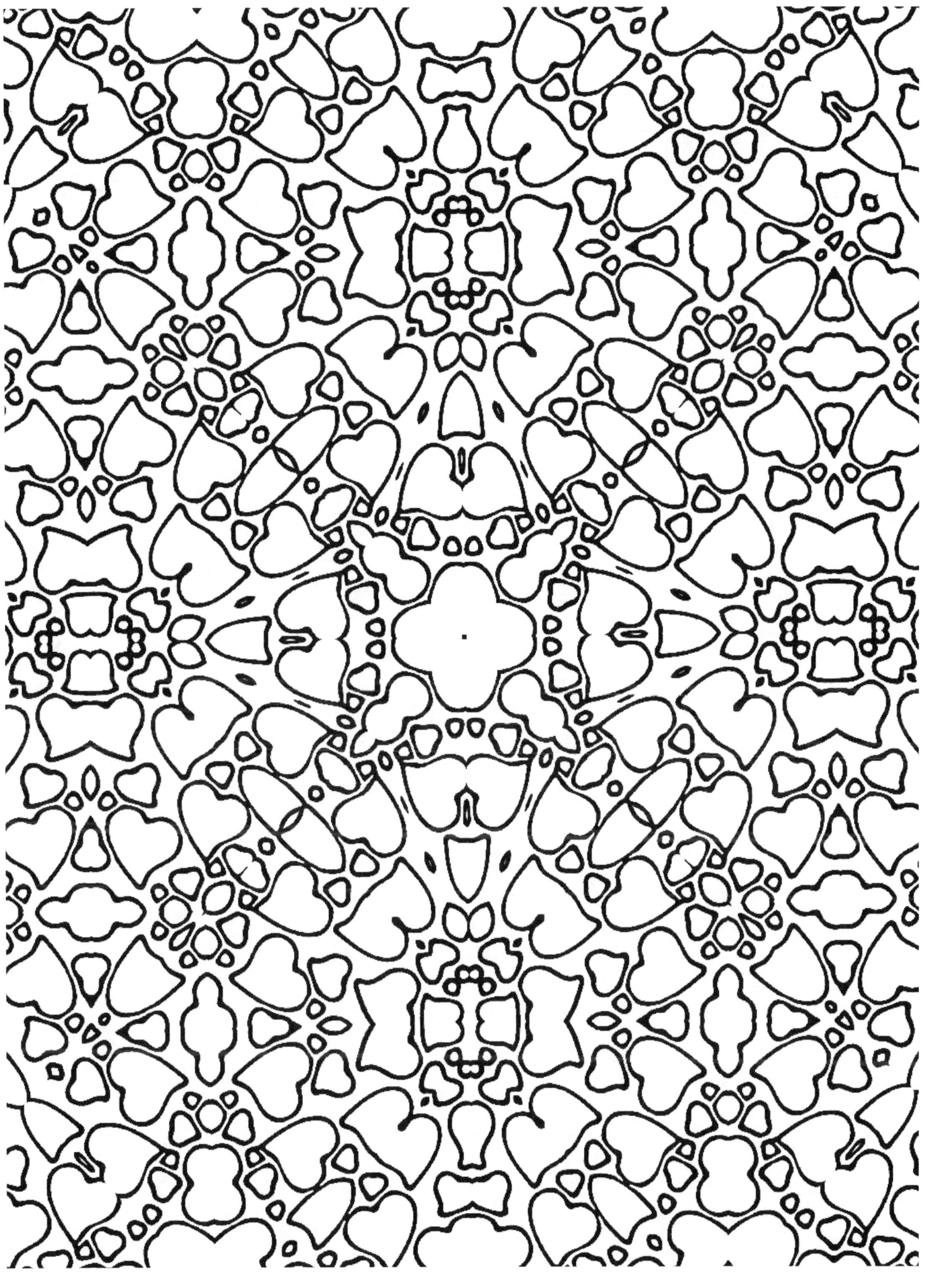

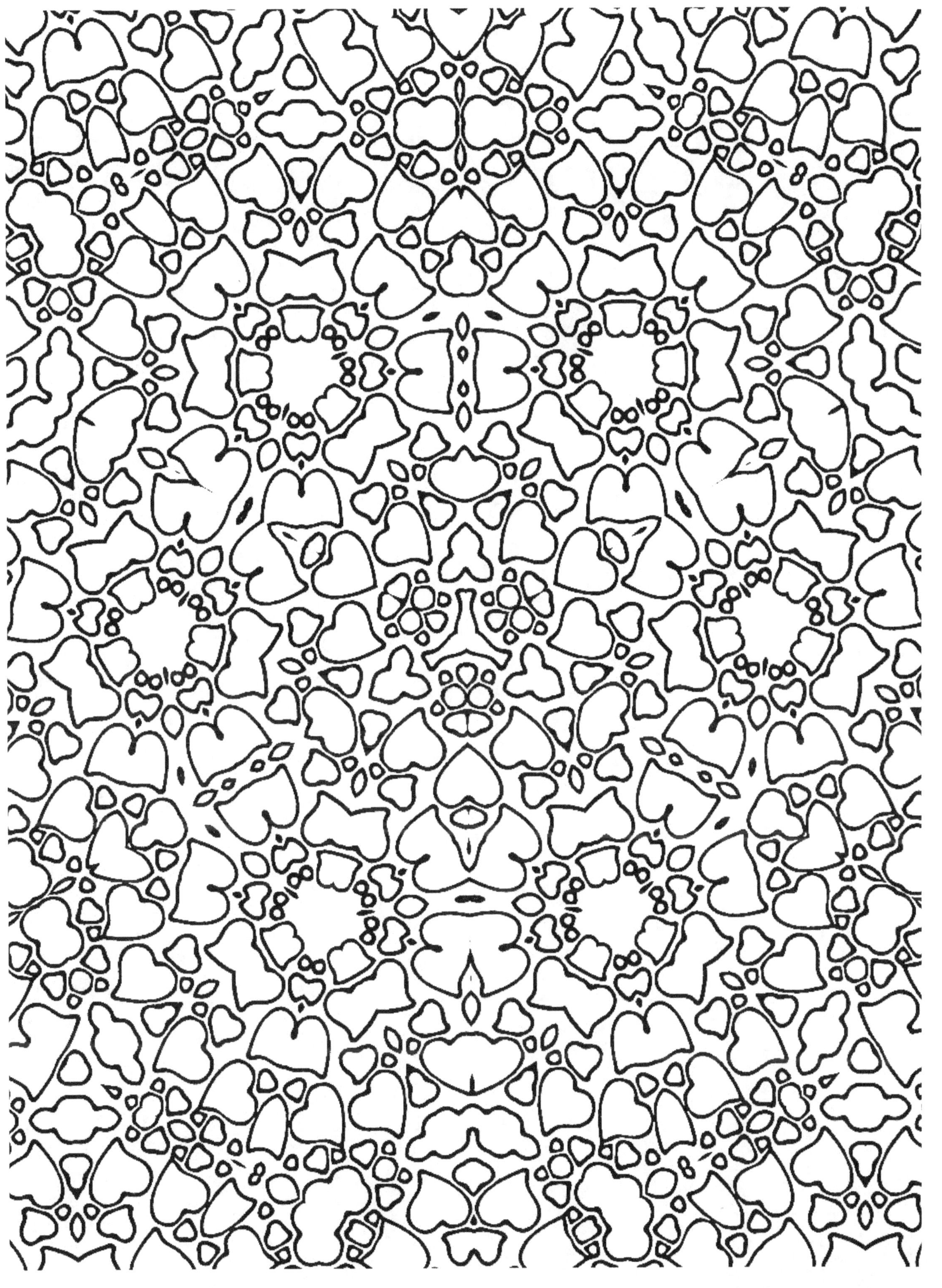

www.ingramcontent.com/pod-product-compliance
Lightning Source LLC
Chambersburg PA
CBHW081949160726

47999CB00008B/2566